숭정처사의
삶을 살다,

# 봉화
# 팔오헌 김성구
# 종가

**기획** 경상북도 · 경북대학교 영남문화연구원 | **지은이** 김미영

## 경북의 종가문화 연구진


| | |
|---|---|
| 연구책임자 | 정우락(경북대 국어국문학과) |
| 공동연구원 | 황위주(경북대 한문학과) |
| | 조재모(경북대 건축학부) |
| 종가선정위원장 | 황위주(경북대 한문학과) |
| 종가선정위원 | 이수환(영남대 역사학과) |
| | 홍원식(계명대 철학윤리학과) |
| | 정명섭(경북대 건축학부) |
| | 배영동(안동대 민속학과) |
| | 이세동(경북대 중어중문학과) |
| 종가연구팀 | 김위경(영남문화연구원 연구원) |
| | 이재현(영남문화연구원 연구원) |
| | 최은주(영남문화연구원 연구원) |
| | 이상민(영남문화연구원 연구원) |
| | 황명환(영남문화연구원 연구보조원) |
| | 전설련(영남문화연구원 연구보조원) |

# 축·간·사

경상북도에서 『**경북의 종가문화**』 **시리즈** 발간사업을 시작한 지 벌써 10년째가 되었습니다. 더 늦기 전에 지역의 종가문화를 기록으로 남겨 후세에 전해야 한다는 절박함에서 비롯되었던 본 사업은, 그간 많은 분들의 노고에 힘입어 어느새 55권의 책자가 발간되는 데 이르렀습니다. 이러한 결실은 우리 지역의 문화자산으로 자리 잡아가고 있어, 300만 도민의 한 사람으로서 무척 보람되게 생각합니다.

경북은 한국 전통문화를 집적해 온 중심입니다. 특히 옛것을 소중히 하는 전통문화의 중심에는 바로 경북의 종가宗家가 있습니다. 우리 도에는 240여 개소에 달하는 종가가 고유의 문화를 오늘날에도 온전히 지켜 오고 있어, 우리나라 종가문화의 보고寶庫라고 해도 과언이 아닙니다.

하지만 최근 산업화와 종손·종부의 고령화 등으로 인해 종가문화는 급격히 훼손·소멸되고 있는 실정입니다. 이에 경상북도에서는 종가문화를 보존·활용하고 발전적으로 계승하기 위해 2009년부터 **'종가문화 명품화 사업'**을 추진해 오고 있습니다. 체계적인 학술조사 및 연구를 통해 관련 인프라를 구축하고, 명품 브랜드화하는 등 향후 발전 가능성을 모색하기 위해 다방면으로 노력하고 있습니다.

경북대학교 영남문화연구원을 통해 2010년부터 추진하고 있는 『경북의 종가문화』 시리즈 발간도 이러한 사업의 일환입니다. 도내 종가를 대상으로 현재까지 『경북의 종가문화』 시리즈 55권을 발간하였으며, 결과물은 관계 문중은 물론 일반인들로부터도 큰 호응을 얻고 있습니다. 이들 시리즈는 종가의 입지조건과 형성과정, 역사, 종가의 의례 및 생활문화, 건축문화, 종손과 종부의 일상과 가풍의 전승 등을 토대로 하여 일반인들이 쉽고 재미있게 읽을 수 있는 교양서 형태의 책자 및 영상물(DVD)로 제작되었습니다. 철저한 현장조사를 바탕으로 하여 관련 분야 전문가들이 집필함으로써 알차게 내용을 꾸미는 한편, 개별 종가의 특징을 부각시키고자 노력하였습니다.

이러한 노력으로, 금년에는 『**성주 야계 송희규 종가**』, 『**안동 성재 금난수 종가**』, 『**봉화 팔오헌 김성구 종가**』, 『**문경 청대 권상일 종가**』 등 4곳의 종가를 대상으로 시리즈 4권을 발간하게 되었습니다. 앞으로도 계속하여 도내 100개 종가를 목표로 연차 추진해 나갈 계획입니다. 이러한 시도는 종가 관련 자료의 축적을 통해 종가문화 보존 및 활용을 위한 기초자료를 제공함은 물론, 일반인들에게 우리 전통문화의 소중함과 우수성을 알리는 데 크게 도움이 될 것입니다.

한국의 종가는 수백 년에 걸쳐 지역 사회의 구심점이자 전통문화의 상징으로서 그 역할을 묵묵히 수행해 왔습니다. 최근 유교적 가치와 문화에 대한 재조명이 활발히 이루어지고 있습니다. 그 중심에는 전통문화를 올곧이 지켜 온 종문의 숨은 저력이 있었음을 기억해야 할 것입니다. 이러한 전통의 계승은 오늘날 경북의 정체성 확립은 물론, 미래지향적인 새로운 정신을 찾아 세계적인 정신문화로의 발전으로까지 이어질 수 있을 것이라 확신합니다.

앞으로 경상북도에서는 종가문화에 대한 지속적인 조사·연구 추진과 더불어, 종가의 보존관리 및 활용방안을 모색하는 데 적극 노력해 나갈 것을 약속드립니다. 이를 통해 전통문화를 소중히 지켜 오신 종손·종부님들의 자긍심을 고취시키고, 나아가 전국의 종가를 연계하는 종가문화 네트워크 구축과 더불어 종가문화를 세계적인 명품 브랜드로 육성해 나갈 계획입니다.

끝으로 이 사업을 위해 애쓰신 이영호 경북대학교 영남문화연구원장님과 연구책임자이신 정우락 교수님을 비롯한 여러 연구원 여러분, 그리고 집필자분들의 노고에 진심으로 감사드립니다. 아울러, 각별한 관심을 갖고 적극적으로 협조해 주신 종손·종부님께도 감사의 말씀을 드립니다.

2019년 6월

경상북도지사 이 철 우

# 지·은·이·의 말

'바래미김씨(혹은 바래미김문)'라는 말이 있다. 봉화 해저마을의 별칭이 '바래미'인데, 그곳에 살고 있는 의성김씨라는 뜻이다. 그런데 특정 마을에 다수의 성씨가 살고 있다고 해서 무조건 '○○성씨'라고 칭하지는 않는다. 보통 '○○마을 본관+성씨'로 부르는 것이 일반적이다. 이런 점에서 '바래미김씨'는 해저마을 의성김씨의 인지도와 위상을 드러내 주는 명예로운 호칭이라고 할 수 있다. '바래미김씨'는 1700년에 팔오헌八吾軒 김성구金聲久(1641-1707) 선생이 해저마을에 정착한 이래 대과 급제자 18명과 소과 급제자 63명을 배출했다. 이는 의성김씨 전체에서 대과 급제자 41명, 소과 급제자 128명이 나온 것과 비교해 볼 때 참으로 놀라운 숫자가 아닐 수 없다. 입향조인 팔오헌 선생은 해저마을에 자리를 잡은 뒤 후손들의 교육에 전력을 쏟았다. 하지만 재정적인 이유로 서당 건립을 실현하지 못한 채 눈을 감았는데, 이에 후손들이 학록서당鶴麓書堂을 세워 선생이 평소에 강조했던 근면·자조·협동에 바탕을 둔 자립 정신과 실학 사상을 이어 나갔다. 그리하여 해저마을에는 벼슬을 상징하는 솟대가 빼곡하게 세워져 "바래미 솟대 그늘 때문에 우케(벼)를 못 말린다."라는 말이 생겨날 정도였다. 특히 이러한 실학적 전통은 근대까지 이어져 바래미김문에서 독립유공자로 추대된 사람이 14명이나 되는데, 이는 극히 드문 경우라고 할 수 있다.

팔오헌 선생의 행장行狀에는 "공公의 천성이 화려한 것을 좋아하지 않아 의복과 음식은 몸을 가리고 배를 채울 정도만 취했으며, 살고 있는 초가집이 좁고 기울어져 비바람을 가리지 못할 정도였지만 아랑곳없이 태연히 거처하였다."라는 내용이 실려 있다. 실제로 팔오헌 선생은 물질적 풍요에 집착하는 것을 비루하게 여기면서 검약한 생활을 실천했는데, 심지어 물산이 풍부한 고을의 수령으로 부임해서도 노쇠한 말에 낡은 안장을 얹어서 타고 다녔다. 또한 벼슬길에 나갔다가 교체가 되면 곧바로 고향으로 돌아왔으며, 행여 출세를 탐하여 서울에 머물면서 권세가의 집을 드나든 적이 한 번도 없었다. 이러한 선생의 모습을 지켜본 시랑侍郎 이항李沆이 "대개 사람들이 벼슬길에 오르면 연줄에 의지해서 승진하기를 갈구하는데, 김성구는 그런 수단을 전혀 부리지 않으니 참으로 곧은 선비로다!"라고 하면서 칭송했다고 한다.

그런가 하면 팔오헌 선생은 원칙에 위배되는 것을 마주하면 직언直言을 서슴지 않고 성토하면서 시세에 영합하지 않는 강직한 성품의 관료이기도 했다. 특히 1678년 홍문관수찬으로 부임했을 때 극심한 가뭄이 닥치자 이에 대한 해결책을 제시한 「청응천미재소請應天弭災疏」

를 숙종에게 올렸는데, 선생이 남긴 상소문 중에서 가장 주목받는 것이다. 팔오헌 선생은 이 상소에서, 임금이 간언諫言을 수용하지 않아 왕실의 종친과 인척의 횡포가 자행되고 탐관오리가 횡행하여 백성들의 근심과 원망이 끊이지 않는다고 호소하면서, 부디 신하들의 간언을 받아들여 폐단을 바로잡아 주기를 요청하고 있다. 당시 숙종은 선생의 상소문을 읽고 "상소문을 살펴보았다. 임금을 사랑하고 나라를 걱정하는 그대의 정성이 넘쳐 나서 내가 참으로 가상하게 여긴다. 그러하니 어찌 내가 유념하여 받아들이지 않겠는가."라고 답했다. 이처럼 팔오헌 선생은 벼슬에 연연하지 않고 강직한 선비 정신을 품고 유교적 이상 정치를 실천하고자 했는데, 그야말로 세속적 출세보다는 선비로서의 지조를 추구하는 올곧은 관료의 모습이라 할 수 있다.

현재 팔오헌종가에는 12대 종손인 김흥원金興源(1949- )과 종부 초계정씨(1954- ), 그리고 노종부 진성이씨(1930- )가 거처하면서 팔오헌 김성구 선생의 자취를 찾아 방문하는 후손들과 외부인들을 맞이하고 있다.

> 팔오헌 할뱀이 원체 우뚝하신 분이기 때문에 그런 훌륭한 조상을 모시는 자손으로서 행동을 반듯하게 하고, 종가를 지키면서 지손들과 잘 어우러져 팔오헌 할뱀이 더욱 빛나도록 해야 하겠지요.

김흥원이 생각하는 종손으로서의 책무다. 이처럼 바래미(해저) 의성김씨 문중이 뛰어난 학자와 독립유공자 등을 다수 배출하면서 이른바 '바래미김씨'로서의 위상을 확보할 수 있었던 것은 그 중심에 팔오헌 김성구 선생이 있었기 때문이다. 300여 년이 지난 오늘날까지도 종손을 비롯한 후손들의 뇌리에 팔오헌 선생의 삶의 자취와 정신이 오롯이 살아 숨 쉬고 있다. 이것이야말로 '바래미김씨'의 발전적인 미래를 담보하는 저력이 아닐까 생각한다.

이 책을 집필하는 동안 팔오헌종가에 신세를 많이 졌다. 수차례에 걸친 제례 참관을 비롯하여 인터뷰 조사 등을 위해 빈번히 드나들었는데, 그때마다 반갑게 맞아 주시고 따뜻하게 응대해 주신 종손과 종부, 그리고 노종부께 감사의 말씀을 드린다. 특히 원고의 완성도를 위해 귀중한 정보를 제공해 주시고, 세심한 교정까지 마다하지 않으신 김진원 경상북도 문화유산과장님께도 고마운 마음을 전한다. 아울러 종손과 종부를 중심으로 팔오헌종가를 지탱해 오신 가족과 문중 어르신들, 그리고 해저마을 의성김씨 모든 분들께도 감사드린다.

2019년 6월

김미영

봉화 팔오헌 김성구 종가

# 목 차

# 제 1 장

# 종가의 형성과 역사

# 1 해저마을의 인문지리적 성격

의성김씨義城金氏 팔오헌八吾軒종가가 자리하고 있는 해저마을은 경상북도 봉화군 봉화읍에 속해 있다. 봉화읍은 고려 말부터 안동부安東府 내성현奈城縣에 포함되었으나, 1906년에 봉화군 내성면으로 분할되었다가, 1979년에 봉화읍으로 개칭되었다. 해저마을은 '바래미마을'로도 불리며, 봉화군청 소재지인 봉화읍에서 영주 방면으로 약 2km 떨어진 곳에 위치해 있다. 마을 앞으로 영주와 울진을 연결하는 구 36번 국도가 지나가는 까닭에 산세가 험한 봉화에서도 비교적 접근성이 좋은 편이다. 또 국도와 내성천 사이에는 드넓은 경작지가 펼쳐져 있어 논농사가 활발히 행해지는 지역이기도 하다.

해저마을 전경

해저마을의 뒤편에는 매봉산이 자리하고 있으며, 마을 앞으로는 내성천이 흐르는 전형적인 배산임수의 형국을 하고 있다. 원래 해저마을은 의령여씨宜寧余氏 집성촌이었는데, 1700년에 팔오헌八吾軒 김성구金聲久(1641-1707)가 입향한 뒤 의성김씨가 살기 시작했으며, 이후 의성김씨를 중심으로 대소과 급제자와 독립유공자 등이 다수 배출됨으로써 봉화 지역의 대표적인 집성촌으로 자리 잡았다. 그로 인해 영남 지역에서는 "유酉와 해海, 즉 닭실[酉]과 해저[海]가 봉화를 대표하는 마을이다."는 말이 있을 정도였다.

해저마을의 옛 지명은 '파라미波羅尾'라는 설이 있는데, 이와 관련하여 1608년에 편찬된 경상도 안동부의 읍지인 『영가지永嘉誌』

에 '파라본八羅本'으로 표기되어 있기도 하다. 현재의 지명인 '해저'는 원래 '바라미' 혹은 '바래미'라고 불렸다. '바라미'는 바다를 뜻하는 '바라'와 밑바닥을 뜻하는 '미'가 합쳐진 말이다. 이처럼 '바다 밑'이라는 의미를 갖고 있는 지명답게 해저마을은 지대가 낮은 편이다. 아울러 예전의 해저마을에는 논에 물을 대기 위해 '파라'(물레방아와 비슷한 형태의 도구)를 설치하여 물을 퍼 올리곤 했는데, '파라가 있는 아래(밑) 동네'라는 뜻에서 '파라밋 → 바라밋 → 바라미'로 바뀌었다고도 한다.

한편 봉화에서 '해海'가 들어간 지명을 사용하는 마을의 주변에 넓은 들판이 펼쳐져 있다는 점을 감안할 때, 해저마을의 '바라미' 역시 마을 앞에 펼쳐진 넓은 들을 묘사했을 가능성이 높다. 예를 들어 봉화 물야면의 '황해黃海'와 봉성면의 '창해昌海'의 경우, '황해'는 '땅이 기름져서 넓은 들판에 누렇게 익은 곡식이 바람에 흔들리면 마치 파도가 출렁이는 것 같다.'고 해서 붙여진 이름이고, 봉성면의 '창해' 역시 '곡식이 익어 가는 들판이 바다처럼 드넓다.'고 해서 '창바다' 곧 '창해'라고 불렸다고 한다.

해저마을은 사방이 산으로 둘러싸여 안락한 형국을 취하고 있는 일반적인 집성촌과 달리, 매봉산을 등지고 동서로 길게 자리한 개방적 형국을 하고 있다. 이는 아마도 김성구의 입향 시기와 관련이 있을 것으로 생각된다. 즉, 그가 해저마을에 자리를 잡았던 1700년대는 사회 전반으로 임진왜란의 후유증에서 겨우 벗어나 안정을 다지던 시기였다. 이런 까닭에 사방이 산으로 둘

현재는 황량한 모습으로 변한 해저마을 마을 숲

러싸여 있는 곳은 비록 안정감을 줄 수는 있지만, 집터나 경작지 확장에는 매우 불리했기 때문에 김성구는 해저마을과 같은 개방적인 형태의 마을을 선택했을 것으로 보인다.

해저마을은 마을 중앙을 가로지르는 제방을 중심으로 서쪽을 아랫마을, 제방의 바로 아래쪽을 동쪽마을, 제방의 위쪽을 윗마을로 구분하고 있다. 예전에는 가구 수 100여 호의 '대촌大村'이라고 불릴 정도로 큰 마을을 형성했으며, 주민의 대부분이 의성김씨였다. 한편 김성구가 입향할 당시에 조성했던 소나무 숲은 마을을 에워싸면서 마을 내·외부의 경계 역할을 해 왔는데, 지금은 마을과 숲 사이에 지방도로가 생기는 바람에 경계로서의 기능을 다소 상실해 버렸다. 일반적으로 마을 숲은 마을과 외부를

해저마을 큰샘 원경

해저마을 큰샘 근경

구분하고, 바람을 막아 주며, 마을의 허한 기운을 보호해 주는 비보裨補 역할을 하는 것으로 알려져 있다. 해저마을의 소나무 숲도 마을 앞으로 펼쳐진 들판 주변에 자리하고 있어 내성천에서 불어오는 바람을 막아 주는 방풍 역할을 하고 있다.

김성구는 마을 숲 조성과 함께 당시 풍수가로 이름난 선씨宣氏 성을 가진 거사居士의 도움을 받아 마을 내에 '큰샘'을 마련했다. 현재 '큰샘'은 마을로 통하는 우측 진입로 근처에 자리하고 있는데, 옛날부터 물맛이 좋을 뿐만 아니라 여름에는 차갑고 겨울에는 따뜻해지는 영험한 샘물이라고 해서 '영천수靈泉水'라 불린다. 또한 예전에 전국적으로 전염병이 확산했을 때에도 해저에는 병이 돌지 않았는데, 해저마을 사람들은 그 이유가 큰샘의 물이 좋았기 때문이라고 믿고 있다. 심지어 조선시대에는 과거를 보러 서울로 갈 때 일부러 큰샘 물을 물통에 담아서 갖고 갔으며, 그 덕분에 많은 급제자를 배출할 수 있었다고 한다. 즉 서울에 올라온 지방 출신 유생들이 식수를 바꾼 탓에 배탈이 나서 실력을 제대로 발휘하지 못한 반면에 해저마을 유생들은 큰샘 물을 마시면서 무사히 과거를 치를 수 있었던 것이다. 이처럼 마을 중심에 위치하는 '큰샘'은 주민들에게 식수를 공급해 줄 뿐만 아니라 공동 빨래터로도 이용되었으며, 경작지와도 가까워서 농업용수의 주된 공급원이 되기도 했다.

해저마을의 또 다른 주요 공간으로 '학록서당鶴麓書堂'이 있다. 김성구는 입향 당시부터 후손들의 교육을 위해 서당 건립을 추진했으나 생전에 뜻을 이루지 못했다. 그리하여 그의 사후, 손자인 학음鶴陰 김경필金景泌(1701-1748)이 마을 서쪽에 자리한 학정봉 아래에 서당을 세웠으며, 이후 건물이 퇴락하자 1767년에 김성구의 증손자인 일지와一枝窩 김택동金宅東(1708-1778)이 현재의 자리인 마을 안쪽 산자락에 서당을 중건했다. 학록서당은 김성구의 유지를 받들어 평소 그가 관심을 갖고 있던 근면·자조·협동에 바탕한 자립 정신과 실학 사상을 주로 강학하던 곳으로, 의성김씨뿐만 아니라 봉화 인근의 유생들을 위한 교육 공간으로 활용되었다. 이처럼 생전 김성구의 교육에 대한 남다른 열정을 잘 계승해 온 후손들의 노력에 힘입어 해저마을 입구 주변에는 벼슬을 상징하는 솟대가 빼곡히 세워져 "바라미 솟대 그늘 때문에 우케(벼)를 못 말린다."는 말이 생겨날 정도였다. 여기서의 솟대란 과거에 급제하면 마을 입구에 높이 세워 두던 장대를 말하는데, 해저마을에 그만큼 과거 급제자가 많았다는 뜻이다. 실제로 해저김문에서는 대과 급제자 18명과 소과 급제자 63명(진사 19명, 생원 44명)이 배출되었다.

**해저김문의 과거 급제자 현황**

| 구분 | 대과 급제자 | 소과 급제자 |
|---|---|---|
| 안동 전체 | 212명 | 722명 |
| 의성김씨 전체 | 41명 | 128명 |
| 해저김문 | 18명 | 63명 |

이들 가운데는 중앙정계에 진출하는 경우도 있었지만, 대부분은 향촌에서 유향소 수장(안동좌수)을 지내면서 지역사회에서 영향력을 행사하였다. 이는 향촌사회에서 사회 지도층이자 양반으로서의 신분적 특권과 지위를 유지하는 데 주요 기반이 되었다. 또한 안동권씨, 전주류씨, 진성이씨 등 당대 명문가들과 혼반婚班을 형성하면서 전통 명가로서의 입지를 다져 나갔다. 특히 해저 김문에서는 팔오헌 김성구를 비롯하여 많은 이들이 이웃마을 닭실[酉谷]의 안동권씨와 혼인을 맺었는데, 닭실마을 출신인 의병장 권세연權世淵은 유년 시절 해저마을 외숙부의 집에서 성장했다고 한다.

해저마을은 독립운동으로 이름난 마을이기도 하다. 실제로 일제강점기에는 남호南湖 김순영金順永(1860-1934)과 김뇌식金賚植(1877-1935) 등 애국지사를 14명이나 배출했다. 김성구의 셋째 아들인 김여당金汝鏜의 6세손인 김순영은 파리평화회의에 독립청원서(파리장서)를 보낼 때 서명운동을 전개하다가 일본 경찰에 체포되어 옥고를 치렀다. 또 김뇌식은 김창숙의 족숙族叔으로, 당시 3,000원이라는 거액의 독립자금을 제공했을 뿐만 아니라 군자금 모집을 위한 활동을 펼치기도 했다. 한편 해저마을은 1980년대만 하더라도 가구 수 100여 호의 의성김씨 집성촌이었으며, 지금까지도 영남의 대표적인 반촌으로 맥을 이어 오고 있다.

## 2 종가의 혈통과 해저마을 입향

의성김씨는 경순왕과 고려 태조 왕건의 딸 사이에서 태어난 김석金錫이 의성 지역을 식읍食邑으로 받아 의성군義城君에 봉해지면서 의성을 본관으로 삼게 된 데서 유래한다. 그러나 1세世 김석에서 8세世 김공우까지는 생몰년과 배위配位, 묘소 위치 등에 관한 기록이 전혀 남아 있지 않다. 이에 비해 9세世 김용비金龍庇(생몰년 미상)에 이르러서는 약간의 행적이 남아 있는데, 이런 이유로 의성김씨에서는 김용비를 중시조로 삼고 있다. 김용비는 고려시대에 큰 공적을 올려 금자광록대부金紫光祿大夫 종1품의 작위를 받고 태자첨사太子詹事의 벼슬을 역임했던 까닭에 현재 후손들로부터 '첨사공詹事公 할배'로 불린다. 그는 슬하에 김의金宜, 김굉金紘,

김영金英, 김세인金世靭 등 4명의 아들을 두었다. 장남 김의의 후손들은 경북 의성·안동·봉화·청송 등에서 세거지를 이루었으며, 차남 김굉의 후손들은 경북 예천, 전남 장성과 전북 정읍 등에 자리를 잡았다. 3남 김영의 후손들은 경남 합천, 경북 고령·성주 등에 정착했으며, 4남 김세인의 후손들은 전북 정읍, 충북 단양, 경북 영주 등에 각각 터전을 잡았다.

팔오헌종가는 김용비의 3남 김영의 증손자인 김용초金用超(1329–1406)의 혈통으로 이어진다. 김용초는 고려 말 경기도 용인에서 태어나 충정왕 때 문과에 급제했다. 그는 문관이었음에도 불구하고 무예가 뛰어나 공민왕과 사냥을 할 때 활을 쏘아 날아가는 새를 맞힐 정도였으며, 백 발자국이나 떨어진 나무에 달려 있는 나뭇잎을 맞혀서 말 한 필을 상으로 받기도 했다. 또 조선 건국에 참여하여 개국원종공신이 되었고, 호남 병마도절제사와 충청도 병마도절제사를 거쳐 충청도관찰사를 역임했다. 이후 벼슬에서 물러나 경북 성주의 내기內基로 낙향했으며, 77세의 나이로 눈을 감았다. 그가 죽자 태종 임금이 몸소 제문을 지어 보내고 3일 동안 조회를 폐할 정도로 애통해했다고 한다. 사후 병조판서에 추증되었고, 문절文節이라는 시호를 내려 받았다. 그의 후손들은 성주군 수륜면 윤동, 대가면 내기와 사도실, 용암면 마천·조곡·위동, 가천면 동원리, 성주읍 용산리 등에 집성촌을 이루었다.

김용초는 슬하에 김화金和, 김감金鑑, 김경金鏡 등 3형제를 두었는데, 김화의 장남인 김종사金宗師와 그의 장남 김귀손金貴孫의 후손들, 그리고 4남 김계손金季孫의 후손들은 성주 지역에 주로 세거하고 있다. 또한 김귀손의 손자인 사우당四友堂 김관석金關石(1505~1542)은 중종 때의 이름난 학자로, 성주 윤동마을의 순천박씨와 혼인하여 그곳에 자리 잡았다. 이후 윤동마을은 의성김씨 집성촌을 이루었으며, 현재 사우당종가가 자리하고 있다.

팔오헌종가로 이어지는 김종사의 4남 김계손은 성주배씨 배혜裵惠의 딸과 혼인하여 성주군 대가면 사도실에 자리를 잡았다. 그 후손 가운데 칠봉七峯 김희삼金希參(1507~1560)은 김계손의 증손자로, 1540년 중종 때 문과에 급제한 뒤 이조좌랑과 병조좌랑 등의 벼슬을 지냈다. 또 삼척부사에 부임하여 선정을 베푼 덕분에 백치白雉(흰 꿩, 상서로운 새)와 기맥岐麥(한 줄기에 2개 이상의 보리 이삭이 나옴. 즉 상서로운 징조) 등 기묘한 현상이 나타났다. 그래서 어사가 조정에 보고하여 통정의 품계에 오르는 영광을 누리기도 했다. 이후 관직에서 물러난 뒤 조정으로부터 칠봉산을 하사받아 지금의 성주군 대가면 칠봉리 일대에 세거 기반을 마련했다.

김희삼은 아들 4형제를 두었는데, 장남 이계伊溪 김우홍金宇弘(1522~1590)은 1546년에 생원시와 진사시에 합격하고, 1553년에는 문과에 급제하여 밀양·함양·나주·광주 등의 목민관을 지냈으며, 현재 그의 후손들은 밀양 등지에 거주하고 있다. 팔오헌종가는 차남인 개암開巖 김우굉金宇宏(1524~1590)의 혈통을 잇고 있다. 김우굉은 퇴계 이황과 남명 조식의 문하에서 학문을 익혔으며,

1542년 중종 때 향시에 합격하고, 1552년 명종 때 진사시에 수석으로 합격하였다. 또 1565년에는 경상도 유생을 대표하여 승려 보우普雨의 주살誅殺을 상소하기도 했다. 이듬해에는 문과에 급제하여 예문관검열에 오른 뒤 홍문관부수찬·충청도관찰사·홍문관부제학 등 여러 벼슬을 지냈다. 이후 관직에서 물러나 고향인 성주로 귀향했는데, 그해에 아우 동강東岡 김우옹金宇顒(1540-1603)이 안동부사로 재직하던 중 기축옥사己丑獄死에 연루되는 바람에 회령으로 귀양을 가게 되었다. 이때 처가 터전인 상주에 머물고 있던 김우굉은 병중임에도 불구하고 영주로 달려가 자신의 갓과 옷을 아우에게 벗어 주고 시 한 수를 지어 건네주면서 애틋한 우애를 나누기도 했다.

김희삼의 3남 사계沙溪 김우용金宇容(1538-1608)과 4남 동강 김우옹의 후손들은 성주 칠봉리에 자리를 잡아 집성촌을 형성했다. 칠봉리에는 동강종가를 비롯하여 청천서원晴川書院과 청천서당 등 유교 문화유산이 다수 남아 있다. 그리고 동강 김우옹의 13대 종손이 바로 심산心山 김창숙金昌淑(1879-1962)이다. 김우옹 역시 김우굉과 마찬가지로 퇴계 이황과 남명 조식의 문하에서 학문을 닦았으며, 선조 때 동인과 서인이 대립할 당시 이를 중재하는 역할을 수행하기도 했다. 김우옹은 1567년 명종 시절 문과에 급제하여 홍문관정자·홍문관부수찬·직제학·대사성 등의 벼슬을 거쳐 안동부사로 나아갔다가, 1589년 기축옥사 때 정여립과 친분이 두텁다는 이유로 회령으로 유배되었다. 1592년에 임진왜란이 일어나자 유배지에서 돌아와서 병조참판·대사성·대사헌 등의 벼슬에 올랐다.

개암 김우굉은 해저마을 입향조인 팔오헌 김성구의 고조부이면서 개암공파의 파조派祖이기도 한데, 현재 해저마을 개암종가에서 불천위로 모시고 있다. 김우굉은 성주 사도실에서 태어나 상주 응동의 남양홍씨 홍윤최洪胤崔의 딸에게 장가들면서 상주로 옮겨 갔다. 슬하에 김득가金得可와 김달가金達可 형제를 두었으며, 그 후손들은 상주 응동과 영주 등지에 자리를 잡았다. 의성김씨 개암공파의 봉화 입향은 김우굉의 손자이면서 김득가의 장남인 천유당天有堂 김율金瑮(1568-1651)에 의해 이루어졌다. 그는 임진왜란이 일어나자 어머니 진성이씨를 모시고 외가인 안동 도산면 온혜로 잠시 피신했다가 봉화 용담으로 옮겨 갔는데, 그곳은 이모부 풍천임씨 용담龍潭 임흘任屹(1557-1620)이 세거하던 지역이었다. 그리고 김율이 봉화에 들어오고 나서 임진왜란이 마무리되자 그의 장남인 김추임金秋任은 원래의 세거지인 상주 응동으로 돌아가 개암종가를 이었으며, 차남인 김추길金秋吉은 봉화에 남아서 용담의 건너편에 위치한 범들이(虎坪, 현재 봉화읍 석평리)에 자리를 잡았다.

김추길은 슬하에 아들 3형제를 두었는데, 장남인 김성후金聲厚는 범들이에 자리를 잡았고, 차남인 팔오헌八吾軒 김성구金聲久(1641-1707)는 해저마을로 옮겨 가서 의성김씨 집성촌을 형성하는 기틀을 마련하였다. 김성구는 1641년 범들이에서 태어나 1662년

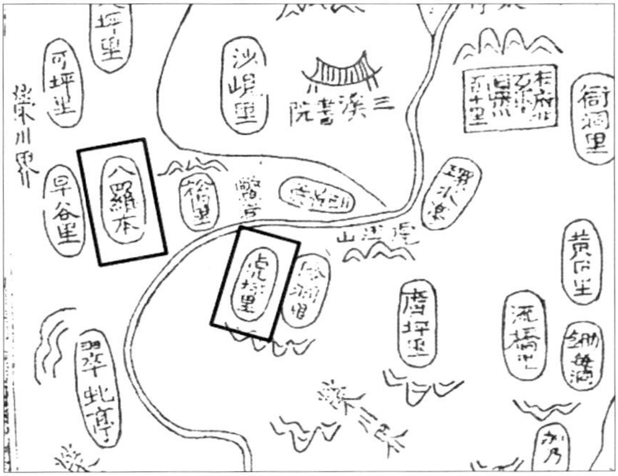


『영가지』의 해저마을과 범들이

사마시를 거쳐 1669년 문과에 급제하면서 중앙관직에 진출하여 사헌부지평과 홍문관수찬 등을 역임하였다. 이후 1694년에는 호조참의에 임명되었으나 막내아들 김여병金汝鈵(1673–1694)의 사망과 갑술환국 등으로 벼슬에서 물러난 뒤, 고향인 봉화로 돌아와 범들이에서 잠시 지내다가 눈을 감기 7년 전인 1700년에 해저마을로 옮겨 갔다.

내성천을 사이에 두고 범들이와 마주 보고 있는 해저마을은 지세가 험한 봉화에서 넓은 경작지를 확보할 수 있는 까닭에 세거지로서 매우 적합한 조건을 갖고 있다. 이런 이유로 1700년에 김성구는 해저마을에 터를 잡고 집을 지은 뒤 거처를 옮겨 가려고 했다. 그러나 평생을 청빈하게 살아온 탓에 경제적 여력이 부

마을 입구에 자리한 팔오헌종택

족했던 그는 봉화 닭실마을[酉谷]에 사는 처가(안동권씨)의 도움을 받을 수밖에 없었다. 그가 해저마을로 옮겨 오는 과정에는 이러한 경제적 어려움뿐만 아니라 당시 해저마을에 거주하고 있던 의령여씨의 반발이라는 어려움도 있었다고 전한다. 이런 까닭에 그는 기둥과 서까래 같은 재목材木을 미리 준비해 두었다가 하룻밤 사이에 집을 지어 마을로 들어왔다. 그래서 팔오헌종택은 '일야각一夜閣', 곧 '하룻밤에 지은 집'이라는 별칭으로 불리기도 했다. 김성구는 해저마을로 들어온 뒤 당대의 명풍수 선 거사宣居士의 도움을 받아 마을 중심부에 '큰샘'을 조성하여 식수와 농업용수를 확보했으며, 또 근면·자조·협동의 교육 이념으로 후학 양성에도 힘을 쏟았는데, 이러한 그의 사상은 훗날 '학록서당鶴麓書堂'의 주요 기반이 되었다.

해저마을은 일반적인 집성촌과 달리 마을 입구에 종택이 있다는 점이 특이하다. 즉 여타 집성촌의 경우 풍수적으로 유리한 조건을 갖춘 주산主山의 산자락이 끝나는 곳에 종택을 배치하지만, 해저마을은 마을 전면에 팔오헌종택이 자리하고 있는 것이다. 이에 대해 17~18세기에는 경작지로부터 비교적 근접한 곳에 종택을 세우는 경향이 있었다는 지적이 있는데, 같은 시기에 조성된 여타 마을의 종택 대부분이 주산 아래에 위치하고 있는 것을 볼 때 그리 설득력 있지는 않다. 따라서 해저마을의 경우에는 이른바 명당에 속하는 주산 근처의 장소는 마을에 이미 들어와 있던 의령여씨가 선점했을 것이고, 이런 이유로 김성구는 지금의 위치에 가옥을 세웠을 가능성이 높다. 그런 다음 의령여씨가 마을을 떠나면서 의성김씨들이 점차 그들의 집터에 자리를 잡았을 것으로 보는 편이 타당할 것이다.

김성구의 고조부인 개암 김우굉을 불천위로 모시고 있는 개암종가는 팔오헌종가보다 약 100년 뒤에 해저마을로 들어왔다. 임진왜란 당시 김우굉의 손자인 천유당 김율이 이모부인 풍천임씨 임흘의 세거지였던 봉화 용담으로 옮겨 왔고, 이후 그의 장남 김추임이 다시 상주 응동으로 돌아가서 개암종가를 이어 갔다. 그러다가 김우굉의 10세손인 김연대金鍊大(1753~1800)에 이르러 해저마을로 들어온다.

## 팔오헌종가의 계보

1世 錫

2世 逸

3世 弘術

4世 國

5世 景珍

6世 彥美

7世 襲光

8世 公祏

9世 龍庇=姜氏

10世 英[3] 宜[1] 紘[2] 世鞠[4]

11世 之銳=星州 李

12世 光富[1] 修德[2]

13世 用超 = 玉山 張

14世 和

15世 宗師 = 陽川 許

16世 貴孫[1] 仲孫[2] 允孫[3] 季孫[4]=星州 裵

17世 〈사우당종가〉 從革 = 星州 李

18世 致精 = 星州 李

19世 希參 = 淸州 鄭

20世 宇弘[1] 宇宏[2](開巖, 1524-1590) = 南陽 洪 宇容[3] 宇顒[4] 〈동강종가〉

21世 得可 = 眞城 李

22世 瑮 = 奉化 琴

23世 秋任[1] 〈개암종가〉 秋吉[2] = 全州 柳

24世 聲厚[1] 聲久[2](八吾軒, 1641-1707) = 安東 權 聲裕[3]

25世 汝鍵[1] = 廣州 李 汝鎔[2] 汝鐙[3] 汝鈉[4]

26世 景溁[1] = 潘南 朴 景浠[2] 景漢[3] 景濾[4] 景溫[5]

27世 必東 = 缶林 洪 宅東

28世 熙絅 = 眞城 李/昌原 黃 熙成

29世 在華 = 完山 李 在義[2]

30世 勉銖 = 宣城 金 秉銖

31世 駿永 = 漢陽 趙/安東 金 趾永

32世 濟林[1] = 安東 權 澔林[2]洙林[3] 興林 護林(出→金宇顒)

33世 昌道 = 宣城 金←昌道[1] 昌淑

34世 重曄 = 豊山 金/奉化 琴 〈동강종가〉

35世 鎬忠 = 眞城 李

37世 興源(1949- ) = 南陽 洪/草溪 鄭

37世 台柱(1980- )

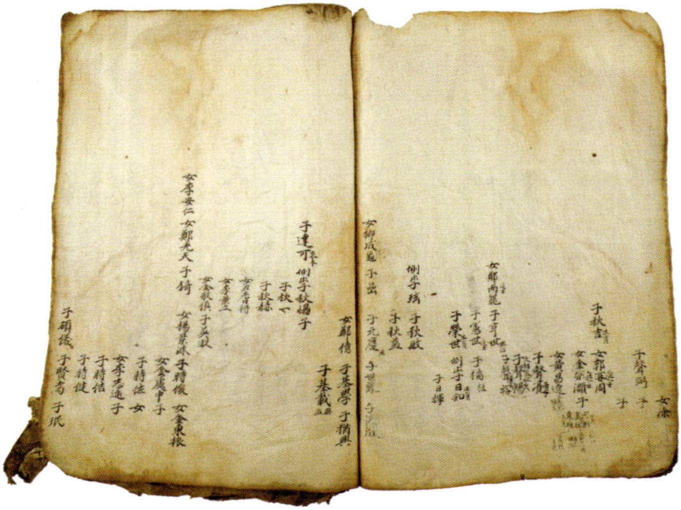

『족보초』

팔오헌 김성구는 봉화 닭실[酉谷]마을 충재沖齋 권벌權橃의 5세손인 안동권씨와 혼인하여 슬하에 4남 2녀를 두었다. 장남 김여건金汝鍵(1660–1697)은 1687년 생원시에 합격하고 같은 해 문과에 급제하여 홍문관수찬을 지냈으며, 차남인 김여용金汝鎔(1662–1735)과 3남인 김여당金汝鏜(1667–1722)은 생원시와 진사시에 각각 합격했다.

팔오헌종가는 김성구의 장남 김여건 이래 현 종손 김흥원金興源(1949– )에 이르기까지 한 차례 양자를 들였다. 즉, 8대 종손인 김제림金濟林이 후사를 두지 못해 동생인 김호림金澔林의 장남 김창도金昌道를 양자로 삼은 경우를 제외하면 직계 혈통으로만 가계를 이어 온 셈이다. 김성구의 장남인 김여건은 슬하에 아들 5형제를 두었는데, 그 가운데 3남 김경한金景漢의 6세손 김호림金頀林(1842–1896)은 동강東岡 김우옹金宇顒(1540–1603)의 11대 종손인 김도영金道永에게 후사가 없자 양자로 들어갔다. 김호림의 아들이 바로 심산心山 김창숙金昌淑(1879–1962)이다. 그는 봉화의 생가와 성주의 양가 등의 인맥을 기반으로 독립운동 네트워크를 구축하여 해저마을이 독립운동의 성지가 되는 데 큰 영향을 끼쳤다.

# 제2장
# 종가의 인물과 삶

종가의
인물과 삶

# 1 팔오헌 김성구의 삶과 사상

팔오헌八吾軒 김성구金聲久(1641–1707)는 아버지 김추길金秋吉(1603–1686)과 어머니 전주류씨 사이에서 3남 4녀 중 차남으로 태어났다. 형은 김성후金聲厚이고 동생은 김성유金聲裕이다. 네 명의 누이는 곽재주郭再周·김종호金宗灝·황창달黃昌達·김성삼金省三에게 각각 출가했다. 김성구의 출생지는 봉화 범들이(虎坪, 현재 봉화읍 석평리)로, 내성천乃城川을 사이에 두고 해저마을과 마주 보고 있다.

김성구는 어려서부터 남다른 면모가 있었다. 행동에 흐트러짐이 없고 진중하여 또래 아이들처럼 짓궂은 장난을 치는 일이 없었다. 5~6세 무렵이 되었을 때 친구들과 함께 집 근처 바위 주변에서 놀고 있는데, 갑자기 바위에 번개가 떨어졌다. 집안 어른들이 놀라서 달려와 보니 다른 아이들은 모두 정신을 잃고 쓰러져 있는데, 김성구만 혼자 태연하게 앉아 있었다. 당시 이 광경을 지켜본 백부 김추임金秋任(1592–1654)은 장차 그가 큰 인물이 될 것이라며 감탄했다고 한다. 또한 글을 읽고 배우기를 좋아해서 10여 세 때 「공자가 요순보다 현명하다는 논[夫子賢於堯舜論]」을 지은 적이 있는데, 당시 선배들이 모두 놀랐다는 이야기가 전한다. 실제로 그는 집에 있을 때는 매일 새벽에 일어나 문을 닫고 세상일을 멀리한 채 서책에 파묻혀 살면서도 지칠 줄을 몰랐다고 한다. 특히 기억력이 뛰어나 한번 외운 글은 평생토록 잊지 않았으며, 문장을 쓸 때도 한 글자도 대충 지나친 적이 없을 정도였다. 이러한 그의 열정은 자신의 학문적 성취에만 그치지 않고 자연스럽게 후학 양성으로 이어졌다. 김성구는 종중宗中의 자제들뿐만 아니라 향리의 젊은이들을 모아 학업을 권장하고 가르친 덕분에 학자로서 이름난 인물들을 다수 배출하였다.

### 1) 선비의 지조를 품고 관료가 되다

김성구의 집안은 13세 김용초金用超(1329–1406)가 경기도 용인에서 경북 성주로 이거한 뒤 고조부인 20세 개암開巖 김우굉金宇宏(1524–1590)이 처가 남양홍씨의 터전인 경북 상주로 옮겨 갔다. 그러다가 임진왜란 때 조부 천유당天有堂 김율金瑮(1568–1651)이 피난을 가던 중에 봉화 범들이에 터를 잡았고, 이후 김성구가 1700

년에 지금의 해저海底(바래미)마을에 정착했다. 김성구는 1691년에 동생 김성유金聲裕의 상喪을 당해 고향으로 내려왔고 3년 뒤인 1694년에 호조참의에 임명되었으나 막내아들 김여병金汝鈵의 상을 당하면서 벼슬을 아예 포기하고 후학 양성에만 힘을 쏟았다. 그러던 중 세거지를 물색하다가 해저마을에 자리를 잡은 것으로 보인다. 범들이는 해저마을의 건너편에 위치한 곳으로, 김성구의 조부인 김율이 처음 자리를 잡았다. 김성구의 일생을 정리하면 다음과 같다.

- 출생(1641년, 인조 19) 아버지 김추길金秋吉과 어머니 전주류씨 사이에서 차남으로 태어났다.
- 11세(1651년, 효종 2) 9월에 조부상祖父喪을 당했다.
- 19세(1659년, 효종 10) 봉화 닭실의 충재 권벌의 5세손인 안동권씨(부친은 권목權霂)와 혼인했다.
- 22세(1662년, 현종 3) 사마시에 합격하여 성균관에서 수학했다.
- 29세(1669년, 현종 10) 식년문과 갑과에 급제했으며, 장흥고직장長興庫直長·의금부도사·성균관전적 등을 역임했다.
- 31세(1671년, 현종 12) 전중감찰殿中監察을 거쳐 무안현감으로 부임했다.
- 33세(1673년, 현종 14) 형조좌랑에 임명되었고 춘추관 등에서 여러 벼슬을 겸직했다.
- 34세(1674년, 현종 15) 병조정랑·성균관직장에 임명되었다.
- 35세(1675년, 숙종 1) 병조원외랑을 거쳐 경기도사京畿都事로 나아갔다가 사헌부지평에 제수되어 제주목사 소두산의 불법 행위를 탄핵했다.
- 36세(1676년, 숙종 2) 거창현감으로 부임했다.
- 37세(1677년, 숙종 3) 홍문관부수찬에 임명되었다.

- 38세(1678년, 숙종 4) 홍문관수찬을 거쳐 사간원정언으로 부임했다. 또 4월 10일부터 12월 3일까지 경연에 수차례 입시하여 숙종에게 『통감강목』과 『중용』, 『서경』 등을 강講했다.
- 39세(1679년, 숙종 5) 홍문관부수찬이 되어 조정으로 돌아왔다. 5월에 장령掌令으로 부임하여 서인을 논핵하는 상소문을 올렸다가 6월에 제주도 정의현감旌義縣監으로 좌천되었다.
- 40세(1680년, 숙종 6) 백록담에서 기우제를 지냈으며, 11월에 인경왕후의 승하 소식을 듣고 거애擧哀하였다.
- 41세(1681년, 숙종 7) 임기가 끝나 고향으로 돌아가려 했으나 풍랑으로 인해 제주 조천관에서 두 달 넘게 머물다가, 배를 타고 해남에 도착하여 육로를 통해 1682년 1월 16일 봉화에 도착했다.
- 43세(1683년, 숙종 9) 10월에 모친상을 당했다.
- 46세(1686년, 숙종 12) 10월에 부친상을 당했다.
- 49세(1689년, 숙종 15) 성균관사성·사간원헌납·사헌부집의 등에 임명되었으나 사직하였다. 주변의 강력한 권유로 집의·사복시정·승문원판교 등을 역임한 뒤 통정대부·동부승지·좌승지에 이르렀다.
- 50세(1690년, 숙종 16) 공조참의를 거쳐 여주목사로 부임했다.
- 51세(1691년, 숙종 17) 아우 김성유金聲裕의 상을 당했다.
- 53세(1693년, 숙종 19) 흥주목사로 부임하러 가던 중 강원도관찰사에 임명되었으나 사직했으며, 병조참지에 다시 임명되었다.
- 54세(1694년, 숙종 20) 호조참의에 임명되었으나 막내아들 김여병金汝鈵의 상을 당해 사직하고 고향으로 돌아왔다. 이후 벼슬길에 나아가지 않았다.

- 57세(1697년, 숙종 23)　장남 김여건金汝鍵이 38세의 나이로 사망했다.
- 60세(1700년, 숙종 26)　봉화 범들이에서 해저마을로 거처를 옮겼다.
- 63세(1703년, 숙종 29)　부인 안동권씨의 상을 당했다.
- 67세(1707년, 숙종 33)　2월 7일에 눈을 감았다. 향년 67세였다.

김성구는 22세 되던 1662년 사마시에 합격하고 29세에는 문과에 급제하여 장흥고직장長興庫直長에 제수되었으며, 이후 의금부도사로 옮겼다가 성균관전적으로 승진했다. 1671년 31세 때는 전중감찰殿中監察을 거쳐 무안현감으로 나아갔는데, 고을의 아전 한 명이 관곡官穀을 빼돌리는 등 수탈이 심했다. 그러나 그때까지 아무도 그를 제재하지 못했다. 이에 김성구는 그동안의 행적을 낱낱이 밝힌 다음 아전이 빼돌린 곡식을 환수하였다. 그러던 중 암행어사가 무안현에 들렀다가 아전의 말만 듣고는 김성구를 파직시키는 일이 벌어졌다. 고을 백성들이 김성구의 억울함을 호소하면서 복직을 요청했지만, 그는 스스로 벼슬을 버리고 고향으로 돌아왔다.

이후 1673년에 형조좌랑으로 자리를 옮겼으며, 이듬해 1674년 봄에는 병조정랑으로 승진하였다. 1675년에는 병조원외랑으로 부임했다가 곧바로 경기도사로 나아갔고, 이어 사헌부지평에 임명되어 제주목사 소두산蘇斗山(1627~1693)의 만행을 탄핵하는 「논제주목사소두산계論濟州牧使蘇斗山啓」를 숙종 임금에게 올렸다.

제주는 남방의 중요한 울타리이고 재물이 풍성하게 생산되는 곳이므로 결코 탐욕스런 사람에게 맡겨서는 안 됩니다. 목사 소두산蘇斗山은 사람됨이 탐욕스럽고 교활하며 몸가짐이 비루하고 천박하기 이를 데 없습니다. 일찍이 남쪽 고을을 다스릴 때 자기 집안의 묘지를 만들 목적으로 백성의 논밭을 사들였습니다. 또 아버지를 장사 지낸 후에는 농장을 넓게 조성하였고, 묘소에 너무 가깝다는 핑계로 논밭에 소나무를 심고 백성을 협박하여 논밭을 강제로 사들여 대촌大村의 50여 가구를 몰아내고 우물을 막고 길을 막아서 산 아래에 살지 못하게 하고 땅을 대부분 착취했습니다. 그럼에도 백성들은 그의 불꽃 같은 위세가 두려워 불평 한마디 하지 못했으니, 그들이 원망하며 괴로워하는 상황은 차마 듣지 못하겠습니다. … 이와 같은 자를 엄격하게 징계하지 않으면 또 다른 탐욕스런 필부가 두려워하지 않아 곤궁한 백성이 도저히 살 수 없게 될 것입니다. 제주목사 소두산을 관리의 명부에서 삭제해 주십시오.

제주목사 소두산이 나주목사로 재직할 때 백성들의 땅을 협박으로 착취하는 등 곧잘 부당한 행위를 일삼았기에 이러한 탐욕스러운 인물을 관직에 두어서는 안 된다고 강력히 요청하는 내용이다.

1676년에는 거창현감으로 부임하여 교육에 뜻을 두고 학풍을 진작시키는 선정을 베풀었다. 그러다가 1677년에 홍문관부수찬이 되어 조정으로 돌아올 때 집안사람들에게 관아의 재물을 조금도 탐내지 말라고 당부했으나, 일행 가운데 보릿자루를 챙긴 사람이 있다는 말을 듣고는 엄하게 꾸짖으면서 돌려주게 한 적이 있다.

1678년에는 홍문관수찬으로 부임하였다. 그런데 1677년에 이어 가뭄이 극심하자 이에 대한 해결책을 제시한 「청응천미재소

請應天弭災疏」를 숙종 임금에게 올렸는데, 김성구의 상소문 중에서 가장 주목을 받는 것이다.

삼가 아뢥니다.

높이 위에 있는 것은 하늘이고 자그맣게 아래에 있는 것은 사람입니다. 이처럼 상하가 동떨어지고 거리가 아득히 멀지만 오직 하나의 이치가 흐르고 통하여 그 사이에 조금의 잘못도 용납되지 않습니다. 여기서 움직이면 저기서 응하는 것이 마치 메아리가 소리에 답하고 그림자가 형체를 따르는 것과 같습니다. 그래서 사람의 일이 여기서 잘못되면 하늘이 재앙으로 보여주는데, 그 재앙을 초래하는 것이 조금도 어긋나지 않으니, 하늘과 사람이 서로 함께하는 관계를 매우 두려워해야 합니다.

삼가 생각건대 전하께서는 즉위하고 나서 정신을 가다듬고 치도治道를 구하며 대도大道를 이루기를 도모하여 밤낮 근심하고 부지런히 힘쓰며 몸을 편히 쉰 적이 없어서 일을 시행하고 처리하는 데 큰 잘못이 없었습니다. 그럼에도 아름다운 상서祥瑞가 이르지 않고 재앙이 거듭되니, 지난해의 참혹한 가뭄은 실로 옛날에도 드물었던 일로, 경술년(1670)과 신해년(1671)에 겨우 살아남은 백성이 골짜기를 거의 메웠습니다. 그러나 하늘이 재앙 내린 것을 뉘우치지 않고 또 금년에 가뭄을 내려 사방의 들판이 타들어 가고 논밭이 거북등처럼 갈라져 씨를 뿌리지 못하는 상황이 전국팔도 어디서나 마찬가지여서 우리 전하께 이른 아침부터 늦은 밤까지 한없는 근심을 끼쳤습니다. 전하께서는 가뭄을 그치게 하는 방도를 극진하게 하지 않은 것이 없고, 또 기우제를 끊임없이 지내서 규벽圭璧(제물로 바치는 옥玉)을 모두 써 버렸고 요수要囚(죄인의 진술을 잘 살피는 일)를 감안하여 죄인을 석방하셨습니다.

…

삼가 바라건대 전하께서는 늘 경외하는 마음을 간직하고 경계하고 두려워하며, 깊은 궁궐에서 한가롭게 지내는 중이거나 홀로 있으면서 마음대로 할 수 있는 곳일지라도 털끝만큼의 허위虛僞가 없게 하소서. 그리하여 본원本源

이 되는 마음이 담박하고 청명해지도록 하여 한 점의 사사로움이나 사특한 생각도 일어나지 않게 하소서. 그리고 은殷나라 탕왕湯王처럼 자신을 꾸짖으며 자신에게 죄를 돌리고, 주周나라 선왕宣王처럼 마음 아파하고 가엾게 여기소서. 그렇게 하면 상제上帝를 대하여 하늘과 하나가 되어 정성으로 하늘을 감동시켜 진노를 가라앉히고 재앙을 변화시켜 상서로 만드는 데 무슨 어려움이 있겠습니까.

…

신이 또 들으니, 정자程子의 말에 "임금이 하루에 어진 사대부들을 접견하는 때가 많고 환관이나 궁녀를 가까이하는 때가 적으면 기질을 함양하고 덕성을 훈도할 수 있다."라고 했는데, 임금이 궁궐 깊은 곳에 살면서 안일에 빠져서 신하들을 만나지 않으면 마음을 어지럽히는 수많은 욕심이 생겨나기 때문에 그렇게 말한 것입니다. 지금 전하께서는 어떤 때는 2~3일 만에, 어떤 때는 5~6일 만에 강학을 하고, 강독하는 분량은 2~3장뿐입니다. 신은 모르겠습니다만, 전하께서는 과연 여가에 사욕을 떨쳐 버리고 서책을 가까이하여 마음을 보존하고, 조심하고 두려워하여 외물에 마음이 흔들리거나 빼앗기지 않을 수 있으십니까? 신은 활과 화살을 당겨 쏠 생각이 때때로 성상의 본심을 빼앗을 것이라 생각합니다. 그렇다면 도가 그 몸에 쌓여서 자신도 모르게 덕이 닦아지는 효과는 아마도 기약할 날이 없을 것입니다.

삼가 바라건대, 전하께서는 비록 화려한 궁궐 속에 있지만 안일에 빠져 강학을 중단하지 말고 게으름으로 강학을 어지럽히지 말며 경전에 뜻을 붙이고 성현의 가르침에 마음을 두어 늘 요임금·순임금·공자·맹자가 앞에 있듯이 주자周子·정자程子·장자張子·주자朱子가 옆에 있듯이 하소서. 그렇게 하면 이 마음이 보존되어 치달려 나가는 때가 없어서 고명하고 광대한 경지에 이를 수 있을 것입니다. 전하께서는 이에 유념하소서.

대각臺閣은 공론公論이 있는 곳이고 국가의 원기元氣입니다. 공론이 펴지면 기강이 서서 나라가 다스려지고 공론이 굽으면 원기가 쇠약해져 나라가 위태로우니 심히 두려워할 만합니다. 삼가 보건대 전하께서는 몇 해 사이에 간언諫言을 순순히 따르는 아름다움이 적고 거만한 기색이 있더니, 여러 달

견해를 바꾸지 않고 신하들과 옥신각신하다가 끝내 윤허를 내리시지 않고, 여러 날 잇따라 계청啓請해야 비로소 힘써 따르겠다고 하셨습니다.

요사이 논했던 것으로 말씀드리겠습니다. 부마駙馬의 아들이 제멋대로 금리禁吏(의금부와 사헌부에 속하면서 도성 안의 범법 행위를 단속하는 관리)에게 곤장을 친 행동에 대해 간쟁하는 신하가 죄를 청한 것은 조정의 기강을 떨치고 엄숙하게 한 일입니다. 종친으로서 당상관인 자가 금리를 뒤쫓아 가서 잡아 조사한 것에 대해 법부法府에서 죄를 청한 것은 뒷날의 폐단을 염려한 일입니다. 나라 안의 명산名山을 왕족에게 떼어 준 것에 대해 법부에서 왕명을 거둘 것을 청한 것은 백성을 위하여 폐해를 제거한 일입니다. 애초에 따르기 어려운 요청이 아니고, 더구나 그 일이 왕족에게 관계되고 그 말이 근신近臣에게 관련되니, 이러한 문제에 대해서는 흔쾌히 윤허하고 진심으로 따라서 대성인大聖人에게 사심이 없는 뜻을 보여 줘야 합니다. 그런 다음에야 공론이 행해지고 기강이 설 수 있는데, 전하께서 고집하며 윤허하지 않으시니 신은 안타깝습니다.

아! 하늘은 사사로이 덮어 주는 일이 없고 땅은 사사로이 실어 주는 일이 없으며 해와 달은 사사로이 비춰 주는 일이 없습니다. 임금은 이 세 가지 사사로움이 없는 것을 본받은 뒤라야 광명쇄락光明灑落하고 정대공평正大公平할 수 있어서 백성들이 모두 복종합니다. 신이 삼가 생각건대 전하께서 '사사로움'을 제거하지 못한 점이 있어서 그런 것입니까? 마음에서 생겨서 정사를 해치고 정사에서 나와서 일을 해칩니다. 이러한 것은 아무리 작은 일이라도 성덕聖德에 누를 끼치는 바가 매우 큽니다. 삼가 바라건대 전하께서는 명심하소서.

전하께서 즉위하신 초기에는 백성을 구휼하는 정사에 뜻을 가다듬고 체납한 조세나 환곡을 감면하여 민심을 위로하고 기쁘게 해 주었으며, 수령을 정밀하게 선발하라는 분부를 주의注擬(인사행정에서 적격자를 기록하여 임금에게 재가를 받는 일)할 때마다 온 백성이 모두 기뻐하면서 태평성대의 다스림을 기대했습니다. 그런데 실제로는 구습을 버리지 못한 것이 많고 정사는 임시방편이 많아서 백성의 기대에 답할 만한 혜택과 깊은 은혜는 전혀 없고 수

령의 탐학이 예전과 같이 변함이 없어서 백성의 근심과 원망이 옛날과 같습니다. 신은 이것을 안타깝게 여깁니다.

…

한漢나라 애제哀帝 때에 비가 오랫동안 내리지 않자, 간의대부 포선鮑宣은 "이것은 '하늘의 근심이 풀리지 않고 백성의 원망이 그치지 않았다.'는 것이다."라고 하였고, 송나라의 신하 문천상文天祥은 "천재지변이 일어나는 것은 백성의 원망이 초래한 것이다."라고 했습니다. 그렇다면 오늘날 가뭄의 재앙이 혹심한 것이 백성의 근심과 원망 때문에 일어난 것이 아닌 줄 어찌 알겠습니까. 삼가 바라건대, 전하께서는 유념하소서.

신은 본래 용렬하고 형편없는 몸으로, 논사論思의 자리에 있으면서 다른 사람들 뒤만 따라다니며 자리만 채우고 있어 하문에 답하거나 성상의 총명을 계발하지 못하였으나, 임금을 사랑하고 나라를 걱정하는 정성은 다른 이보다 뒤지지 않습니다. 이에 가뭄을 걱정하는 시기에 구구한 소견을 진달합니다. 제 말이 모두 쓸모없어 성상께 보여 드리기에 부족하지만 혹시라도 성상께서 사람 때문에 말을 버리지 않고 조금이라도 판단하여 살펴 주신다면 밝은 햇빛과 달빛 아래 희미한 반딧불과 같은 도움이 없지 않을 것입니다. 삼가 바라건대 전하께서는 유념하시고 거두어 주소서.

이 상소는 가뭄을 극복하기 위한 해결책을 제시한 것이지만, 그 내용을 볼 때 임금이 간언諫言을 수용하지 않아 왕실의 종친과 인척의 횡포가 자행되고 탐관오리가 횡행하여 백성들의 근심과 원망이 끊이지 않는 당시의 정치 행태를 비판하는 글이다. 이에 김성구는 신하들의 간언을 받아들여 각종 폐단을 바로잡아 주기를 요청하고 있다. 당시 숙종 임금은 그의 상소문을 읽고 "상소문을 살펴보고 잘 알았다. 임금을 사랑하고 나라를 걱정하는 너의 정성이 넘쳐 내가 가상하게 여긴다. 어찌 유념하여 받아들이지 않겠는가."라고 답했다. 주목되는 점은 대부분의 내용이 임금의 실책을 꾸짖는 것이라는 사실인데, 이것이야말로 그가 벼슬에 연연하지 않고 강직한 선비 정신을 품고 유교적 이상 정치를 추구하려는 위대한 경세가였음을 잘 나타내 주는 것이라고 할 수 있다.

또한 1678년 9월에는 홍문관부수찬에 임명되었는데, 사직하고 부임하지 않았다. 그리고 1679년 봄에 홍문관부수찬이 되어 조정으로 돌아왔고, 5월에는 사헌부장령으로 자리를 옮겼다. 이때 이유정李有湞이 강화도에서 성을 쌓는 장수와 함께 군대를 일으켜 대궐을 침범하려고 모의하다가 발각되어 사형을 당했는데, 배후 인물로 지목받은 송시열이 외딴 섬으로 유배를 가는 사건이 벌어졌다. 그러면서 기해예론己亥禮論 문제가 다시 거론되어 서인을 탄핵하려는 움직임이 생겨났고, 이 과정에서 김성구는 서인의 잘못을 질책하는 내용의 계문啓門을 임금에게 올렸다. 이로 인해 그는 반대파의 맹렬한 공격을 받아 제주의 속읍인 정의현감으로 좌천되었다. 제주는 고향인 봉화에서 수천 리 떨어져 있고 또 연로하신 양친까지 남겨 두고 떠나야 하는 탓에 그는 마음이 편치 않았을 것임에도 전혀 위축되지 않고 태연하게 길을 떠났다. 당시 그 모습을 지켜본 벗들은 애통함에 눈물을 흘렸다고 전한다. 김성구는 1679년 6월 28일 강진에 도착했고, 7월 13일에 출항하여 제주도 정의현으로 향했다. 다음의 시는 강진에서 제주도로 출항하기 직전에 지은 「강진 청조루에서 순풍을 기다리며 장난삼아 읊다[康津聽潮樓候風戲吟]」이다.

| | |
|---|---|
| 평소에 우연이 아니라고 자부했건만 | 自許平生不偶然 |
| 충과 효 모두 할 수 없음을 어찌 알았으랴. | 那知忠孝兩無全 |
| 예전에는 중사가 왔다고 들었는데 | 昔聞中使臨門日 |
| 오늘은 후사가 왕명을 전하네. | 今見喉司請對年 |
| 만덕사 앞에는 산들이 몇 겹인가 | 萬德寺前山幾疊 |
| 청조루 밖에 물이 하늘과 맞닿았네. | 聽潮樓外水如天 |
| 대장부의 삶은 고생에서 비롯되니 | 男兒事業由辛苦 |
| 바다에 배를 한번 띄운들 어떠하랴. | 海上何妨一放船 |

※ 중사中使: 왕명을 전하는 내시 / 후사喉司: 승정원

임금과 연로한 양친을 뒤로하고 제주도로 향하는 그의 심정이 잘 드러나 있다. 평소 임금과 부모의 은혜는 우연이 아니라 필연(운명)이라고 믿어 왔는데, 지금 제주 정의현감으로 좌천되어 충과 효를 온전히 행할 수 없게 된 자신의 처지를 한탄하고 있다. 아울러 대장부의 인생은 고난과 역경 속에서 시작되는 법이니 머나먼 망망대해를 건너가는 시련 또한 달갑게 받아들이겠다는 의지를 표현하고 있다.

김성구는 마침내 제주도에 도착해 정의현감으로 부임했다. 정의현은 워낙 외진 곳에 자리한 탓에 중앙의 관리가 소홀하여 수령과 아전들의 착취와 비리가 심각했지만, 후환이 두려워 제재를 하는 사람이 없었다. 그는 부임과 동시에 잘못된 풍속을 바로잡

아 그곳 사람들의 칭송이 자자했다고 한다. 이처럼 정의현감으로서의 임무를 충실히 하는 가운데 그의 마음속에는 항상 나라를 향한 충정과 부모에 대한 연민이 가득했다.

회포를 쓰다 [述懷]

| | |
|---|---|
| 서울에서 삼천 리 제주에서 | 去國三千里 |
| 사십 년이 잘못임을 알았네. | 方知四十非 |
| 벼슬에서 물러나야 했건만 | 急流宜勇退 |
| 진세에서 위험함을 몰랐네. | 塵世昧危機 |
| 보필하려는 마음만 간절하고 | 補袞心徒切 |
| 효도하려는 계획도 어긋났네. | 衣斑計亦違 |
| 어느 때에 임금 은총 받아서 | 何時蒙聖渥 |
| 작은 풀이 봄 햇살에 보답할까. | 寸草報春暉 |

위 시는 1680년에 지은 것으로, 도성에서 삼천 리나 떨어진 머나먼 제주에서 자신이 살아온 40년을 되돌아보니 이런저런 실책이 많았음을 알게 되었다는 내용이다. 특히 벼슬살이의 위태로움을 깨닫지 못하고 일찍이 벼슬에서 물러나지 못한 탓에 머나먼 제주로 오게 된 현실을 안타까워하고 있다. 그러면서 임금 곁에서 충심을 다해 보필하고, 고향에 계신 부모님을 정성껏 봉양하고 싶었으나 그 계획을 실천할 수 없는 자신의 상황을 아쉬워한다. 그러는 가운데 어머니의 생신을 맞이하여 「7월 1일은 모친의 생신인데 지난해는 강진에서 보내고 올해는 외딴섬에 있으니 울

적한 심정 가눌 수 없다[七月初一日乃慈親壽辰 而前年過於康津 今年又在絶海 情緒難聊]」라는 시를 지었다.

| | |
|---|---|
| 이날은 해마다 헌수를 했던 때로 | 此日年年獻壽辰 |
| 술동이 앞에서 세 사람 춤을 추었네. | 樽前彩舞有三人 |
| 지금은 좌천되어 푸른 바다 위에 있으니 | 如今佩玦滄溟外 |
| 나의 작은 효성 올리지 못하네. | 反哺微誠我未伸 |

육지에 있을 때는 7월 1일 어머니 생신을 맞이하면 3형제가 모여서 술을 올리고는 색동옷을 입고 춤을 추었는데, 제주도 정의현감으로 좌천되면서 본의 아니게 불효자가 된 자신의 처지를 한탄하고 있다. 그런데 어머니 생신이 얼마 지나지 않은 8월 20일은 김성구 자신의 생일이다.

초도일初度日

| | |
|---|---|
| 장기 낀 비와 남방 안개가 바다성에 가득한데 | 瘴雨蠻煙滿海城 |
| 작은 서재 적막하여 생각 가누지 못하겠네. | 小齋寥落思難平 |
| 어머니는 오늘도 마을 어귀에서 기다리시며 | 應知此日門閭望 |
| 제주의 아들 말할 때 갑절이나 슬퍼하시리라. | 語及天涯倍愴情 |

제주도에서 홀로 생일을 맞이한 김성구는 적적한 심정을 위 시로 표현하였다. 비가 내려 바다 위로 안개가 자욱한 풍경을 서재에서 바라보고 있노라니 이런저런 생각에 마음이 어수선해진

다. 특히 생일을 맞은 아들을 마을 어귀에서 하염없이 기다리면서 슬퍼할 어머니를 떠올리니 심란한 마음을 더욱 주체하기 힘들다. 그러는 가운데 1681년 가을에 막내아들 김여병金汝鈵이 『사략』을 배우기 시작했는데 글을 곧잘 이해한다는 집안 식구의 편지를 받고 나서 「집에서 온 편지를 받으니 '한망'(김여병의 아명)이 『사략』을 배우기 시작했는데 글의 뜻을 이해한다고 하기에 말할 수 없이 기쁘다[得家書 漢望 始受史略 而頗解文義云 喜不可言]」라는 시를 짓는다.

| | |
|---|---|
| 아들을 세 해나 보지 못해 | 驥子三年隔 |
| 귀여운 모습이 눈에 선하네. | 丰容滿眼森 |
| 이제 들으니 글자 배움이 영민하고 | 今聞學字敏 |
| 또 문장을 잘 이해한다고 하네. | 且道解文深 |
| 의리를 마땅히 탐구하고 | 義理惟當討 |
| 공명에 마음 둘 필요 없네. | 功名不必心 |
| 바라건대 반드시 노력하라 | 望乎須着力 |
| 옷 입은 말과 소가 될까 두려우니. | 可怕馬牛襟 |

막내아들의 총명함에 기뻐하는 한편, 과거 공부에만 몰두하면서 부귀공명에 뜻을 두는 삶을 살지 말고 성현의 말씀이 담긴 경전을 학습하여 의리를 밝혀야 한다고 당부하는 내용이다. 김성구는 마침내 1681년 10월에 정의현감에서 체직한다는 교서를 받은 뒤, 신임 현감이 도착하자 업무를 인계하고 고향으로 돌아가기 위해 제주 관아에 도착했다. 하지만 풍랑으로 인해 두 달가량

관아에서 머물다가 12월 26일에 배를 타고 이듬해 1월이 되어서야 봉화에 도착했다.

연북정에 올라[登戀北亭]

| | |
|---|---|
| 어제 영주관을 떠나서 | 昨別瀛洲舘 |
| 오늘 연북정에 올랐네. | 今登戀北亭 |
| 삼 년 동안 절역에 던져져 | 三年投絶域 |
| 만 리의 푸른 바다 보았네. | 萬里俯滄溟 |
| 어룡의 싸움에 파도가 높게 일고 | 驚盪魚龍闘 |
| 푸르른 섬들이 아스라이 떠 있네. | 微茫島嶼青 |
| 너울너울 돌아가는 흥이 높아 | 飄飄歸興逸 |
| 겨드랑이에서 깃털이 날 듯하네. | 兩腋欲生翎 |

위 시는 제주 관아에 머물다가 파도가 잔잔해지기를 기대하면서 연북정에 올랐지만, 여전히 파도가 거센지라 배를 띄우지 못해 아쉬워하면서 지은 것이다. 하지만 길을 떠나지 못한 안타까움 속에서도 파도가 가라앉으면 언제든지 고향으로 갈 수 있다는 기대감으로 양쪽 겨드랑이에서 날개가 돋듯이 기쁜 마음이 생기기도 한다.

고향으로 돌아온 이듬해인 1683년에 모친 전주류씨의 상喪을 당하고, 1686년에는 부친상을 당했다. 그리고 상복을 벗은 1689년이 되어 성균관사성에 임명되었을 때 김성구는 눈물을 흘리며 "처음에 내가 벼슬길에 나간 것은 연로하신 부모님께서 살아 계셨기 때문이다. 이제 양친께서 모두 별세하셨으니 녹봉을 받은들 누구를 봉양하겠는가."라고 하면서 질병을 이유로 사직하였다. 실제로 김성구는 양친이 세상을 떠났을 때 각각 3년 동안 여막 생활을 했는데, 정침에는 발을 들여놓지 않을 정도로 예禮를 엄격히 수행하였다. 그리고 기일이 되면 초종初終 때와 마찬가지로 재계를 하고 애통해하였다.

이처럼 사직의 뜻을 분명히 했음에도 불구하고 그는 헌납과 집의 등에 잇달아 제수되었다. 그러나 역시 부름에 응하지 않았다. 이후 또다시 집의에 임명되었는데, 이때는 주변 친구들의 강력한 권유를 받아들여 벼슬길에 올랐다. 이어 사복시정으로 옮겼다가 다시 집의로 부임하였다. 그런 뒤 승문원판교로 승진하고 통정대부·동부승지·좌승지에 이르렀다. 1690년에는 공조참의를 거쳐 여주목사로 나아갔는데, 10년 동안 판결이 나지 않은 송사로 인해 고을 전체가 어수선하였다. 이에 김성구가 실정을 밝히니 고을 사람들의 칭송이 이어졌다.

1691년에는 아우 김성유金聲裕(1645–1691)의 상을 당해 고향에 잠시 내려와 있었다. 김성구는 형제간에 우애가 지극하였다. 당시 김성유의 자녀들이 모두 어렸는데, 김성구가 지극정성으로 돌보고 혼인까지 시켰다. 또한 형님 김성후金聲厚와 함께 범들이에서 한집에 살 때도 형님의 뜻을 어긴 적이 없었으며, 해저마을로 분가하여 거리가 멀어졌어도 지팡이를 짚으면서까지 안부를 여쭈러 다녔다. 이뿐만 아니라 어린 시절 아우 김성유金聲裕를 데리고 놀다가 아우가 넘어져서 상처가 나면 가슴에 끌어안고 큰 소리로 울음을 터뜨릴 정도로 형제간의 사랑이 깊었다.

1693년 고향에 머물던 중 흥주목사에 제수되었다. 상경도 하기 전에 강원도관찰사에 임명되었으나 사직했으며, 이어 곧바로 병조참지에 올랐다. 그런 다음 이듬해 봄에 호조참의로 옮겼는데, 막내아들 김여병金汝鈵의 상을 당해 사직하고 고향으로 돌아왔다. 그러는 가운데 갑술환국으로 남인이 물러나고 소론이 권력을 잡게 되자, 스스로 '해촌도인海村道人'·'해촌노인海村老人'이라고 칭한 뒤 팔오헌八吾軒이라는 호號를 짓고는 은거하였다.

1697년에는 장남 김여건金汝鍵이 38세의 나이로 세상을 뜨는 슬픔을 겪기도 했다. 김여건은 1687년 문과에 급제한 뒤 1693년 홍문관수찬에 올랐다. 1690년에 김여건은 동궁 책봉 하례에 참석하지 않은 조사석趙師錫을 논핵하여 유배를 가도록 했는데, 1694년에 갑술환국으로 남인이 실각하고 소론이 득세하면서 조사석 일당으로부터 보복을 당해 명천明川으로 유배를 가게 된다. 당시 유배지에 있던 김여건은 아버지 김성구에게 편지를 보고, 김성구가 아들에게 보낸 답장이 전한다.

> 섣달 26일에 네 아우가 돌아오고, 2월 5일이 되어 네가 1월 5일에 쓴 편지를 받아 보았다. 평안하다는 소식을 들으니 기쁜 마음 형언하기 어려웠다. 네가 편지를 쓴 지 이미 한 달이 지났는데, 그동안의 안부가 또 어떠한지 모르겠구나. 이곳은 모두 평안하지만, 집안에 재기再朞가 지났는데 초기初朞가 또 임박하니 찢어지는 듯한 슬픔을 견디지 못하겠구나. 네 아우는

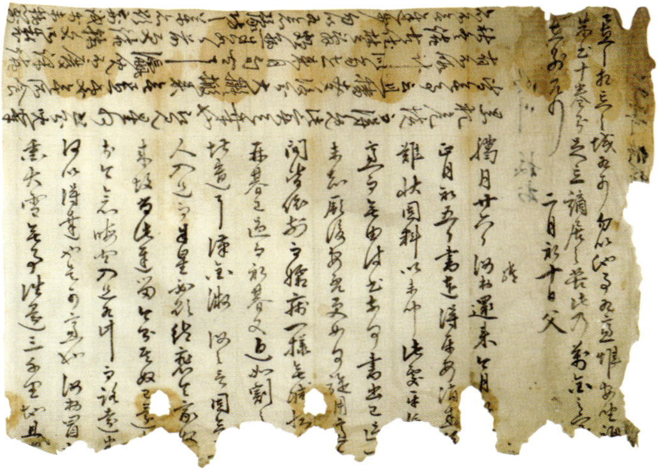

김성구가 아들 김여건에게 보낸 편지

추위를 무릅쓰고 큰 눈을 맞으며 3천 리 떨어진 곳(明川)에 갔다가 무사히 돌아왔다. 집으로 돌아올 때 천연두에 걸려 목숨이 위태로웠던 것이 수차례였는데 죽음을 겨우 면했으니, 이것은 참으로 천행天幸이 아닐 수 없구나. 손자(김여건의 아들) 영瀛은 독서를 중단하지 않고 가을부터 겨울까지 고부古賦와 『초사楚辭』를 읽었는데 꽤 향상된 듯하며, 며칠 전부터는 한유韓愈의 글을 다시 읽고 있다. 또 글짓기에도 나날이 진보가 있으니 염려하지 말거라. 할 말이 많지만 어찌 편지에 다 쓸 수 있겠느냐. 오직 문을 닫고 단정히 앉아 『주자서朱子書』에만 전념한다면 세상의 모든 영욕을 잊을 수 있을 것이다. 그 책은 만금의 값어치가 있는 훌륭한 약이니, 힘쓰고 또 힘쓰거라.

이후 김성구는 1700년이 되어 봉화 범들이[虎坪]에서 해저마을로 거처를 옮겨 오면서 의성김씨 집성촌으로서의 기틀을 마련했다. 1703년에는 배위 안동권씨가 세상을 떠났다. 안동권씨는 봉화 닭실[酉谷] 충재沖齋 권벌權橃의 5세손으로, 성품이 단아하고 자애로웠다고 전한다. 특히 김성구가 관직에 있을 때는 작은 물건이라도 함부로 받는 일 없이 항시 경계하는 자세를 늦추지 않았다. 김성구는 1707년에 질병에 시달리다가 눈을 감았는데, 당시 숙종 임금이 몸소 예관禮官을 보내 조문과 치제致祭를 하면서 애통함을 표했다.

김성구는 내직과 외직을 두루 거치면서 유능하다는 평판을 받았다. 또한 원칙에 위배되는 것에 대해서는 직언을 서슴지 않았으며, 관리의 태만을 마주했을 때는 정색을 하고 성토하면서 결코 시세에 영합하지 않았다. 그야말로 세속적 출세보다는 선비로서의 지조를 추구하는 올곧은 관료였던 것이다. 김성구가 활동했던 시대는 영남 남인이 정치적으로 견제를 당하던 시절이었다. 김성구가 태어난 뒤 1649년 5월에 효종이 즉위했고, 1651년에는 김자점의 역모 사건이 있었다. 1659년에는 현종이 즉위하면서 기해예송己亥禮訟이 일어났고, 1674년에는 갑인예송甲寅禮訟이 이어졌다. 그러는 가운데 1674년에 숙종이 즉위하면서 1680년에 경신환국庚申換局이 있었고 1689년에는 기사환국己巳換局, 1694년에는 갑술환국甲戌換局이 이어졌다. 김성구는 1641년(인조 19)에 태어나 효종과 현종을 거쳐 숙종까지 4명의 임금을 모시면서 삶을 마쳤는데, 22세 되던 해인 1662년(현종 3)에 사마시에 합격하고 29세인 1669년(현종 10)에 문과에 급제했으니 그가 벼슬길에 올라 관료로 활동한 시기는 현종 시대와 숙종 시대였다.

이처럼 김성구는 4명의 임금 아래서 나아감과 물러남을 반복하면서 관직 생활을 했는데, 그러는 동안 적지 않은 시련에 처하기도 했다. 1679년(숙종 5) 김성구는 홍문관부수찬에 이어 사헌부 장령으로 부임하여 그해 6월에 송시열宋時烈 등의 서인을 논핵하는 데 앞장서게 된다. 그런데 이 일이 화근이 되어 경신환국庚申換局으로 남인들이 축출되면서 김성구 역시 제주 정의현감旌義縣監으로 좌천되고 말았다. 이후 42세 되던 해인 1682년 1월에 고향으로 돌아온 뒤 칩거하다가 1689년 49세 때 조정으로 돌아온다. 그 계기는 서인이 물러나고 남인이 재집권한 기사환국己巳換局이었다. 그러다가 다시 1694년에는 갑술환국甲戌換局으로 남인들이 물러나고 소론과 노론이 다시 정권을 장악하게 되는데, 이 과정에서 김성구는 호조참의에 임명되었으나 곧바로 사직하고 67세를 일기로 세상을 떠날 때까지 벼슬길에 나가지 않았다. 한편 김성구는 관직 생활을 할 때 그의 스승이자 정치적 이념의 동지였던 갈암葛庵 이현일李玄逸(1627~1704)과 함께 조정에 있었다. 이현일은 영남학파의 거두로, 퇴계 이황의 학통을 계승한 대표적인 사림이었다. 따라서 김성구는 학문적 경향이나 사상적 기반을 성리학에 두었으며, 나아가 성리학을 토대로 하는 선비의식을 강하게 갖고 있었다. 이런 이유로 그는 관직 생활을 하는 동안 적지 않은 상소上疏를 올렸는데, 이는 '경명행수지사經明行修之士', 곧 '경서를 밝히고 덕행을 닦는 선비'가 되기 위한 필수 요건이기도 했다.

### 2) 숭정처사의 삶을 추구하다

김성구의 행장行狀을 보면 "공의 천성이 화려한 것을 좋아하지 않아 의복과 음식은 몸을 가리고 배를 채울 정도만 취했고, 살고 있는 초가집이 기울어지고 좁아서 바람과 비를 가리지 못할 정도였지만 태연히 거처하고 심력을 허비하여 수리를 한 적이 없었다. 언젠가 말하기를 '대대로 청빈을 가풍으로 전했으니 자손들도 이것을 엄격히 지키며 변치 말아야 한다.'고 했다."라는 내용이 실려 있다. 이처럼 김성구는 평생을 재산 증식에 마음을 두지 않고, 이익을 탐하면서 생계를 꾸리는 사람을 보면 비루하게 여겼다. 또 벼슬길에 올라 물산이 풍부한 고을을 다스리는 수령직을 맡고 있었지만, 거처하는 집에는 값비싼 물건이 없었고 낡은 안장을 얹은 노쇠한 말을 타고 다니는 가난한 선비 그 자체였다고 한다.

실제로 김성구는 1700년에 해저마을로 들어올 때도 평생을 청빈하게 살아온 탓에 경제적 여력이 부족하여 봉화 닭실마을에 있는 처가의 도움을 받은 것으로 전한다. 해저마을에 정착한 그는 스스로를 해촌도인海村道人·해촌노인海村老人이라고 칭했는가 하면, 팔오헌八吾軒이라는 호號를 짓고는 조용히 은둔 생활을 하였다. 당시 김성구가 지은 「팔오헌명八吾軒銘」에는 그가 추구했던 삶의 지향점이 잘 나타나 있다.

내 밭에서 농사짓고 耕吾田
내 샘물을 마시리라. 飮吾泉
내 산에서 나물 캐고 採吾巓
내 시내에서 낚시하리. 釣吾川
내 책을 펼쳐 읽고 披吾編
내 거문고를 타리라. 撫吾絃
내 현묘한 도를 지키며 守吾玄
내 생애를 마치리라. 終吾年

내 밭에서 농사를 짓고, 집 앞 샘물에서 물을 떠다 마시고, 집 앞 산에서 나물을 캐서 먹고, 집 앞 시냇가에서 물고기를 낚아서 먹고, 성현이 남긴 글을 읽고, 거문고를 연주하고, 심신수양을 하면서 자신에게 주어진 삶을 마무리하고자 하는 의지가 강하게 표출되어 있다. 이는 세속의 욕망으로부터 벗어나 자연 속에서 안빈낙도安貧樂道하는 선비의 삶이라고 할 수 있다.

실제로 김성구는 높은 관직에 올라 권세를 부리는 세속적인 출세보다는 처사處士로서의 삶을 추구했다. 예를 들어 벼슬길에 나갔다가 교체되면 즉시 고향으로 돌아왔고, 서울에 오래 머문 적이 없었으며 또 권력가의 집을 찾아간 적도 없다. 그러다 보니 벼슬길이 그리 순탄하지는 못한 편이었다. 그래서 시랑侍郎 이항李沆이 사람들 앞에서 "무릇 사람이 벼슬길에 오르면 대다수가 연줄에 의지하여 승진하는데, 김성구는 수단을 부리지 않고 스스로 벼슬에 올랐으니 참으로 곧은 선비로구나!"라면서 칭송했다

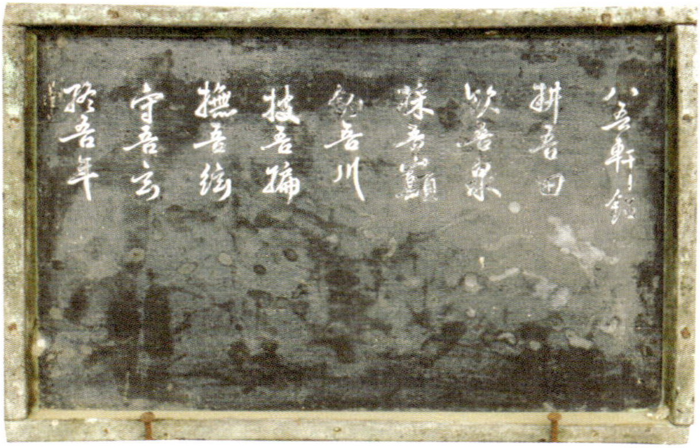

「팔오헌명」 현판

고 한다.

김성구는 1669년에 문과에 급제하고 여러 벼슬을 거친 뒤 1672년 무렵에 고향으로 내려와서 머물다가 1673년에 형조좌랑의 직책을 맡아 다시 상경했다. 그러던 중 1674년 말엽 성균관직장으로 재직하면서 다음과 같은 시를 지었다.

고향을 그리워하며 [思鄕]

| | |
|---|---|
| 천 리 먼 길 집 떠나온 나그네는 | 千里辭家客 |
| 세밑이라 마음이 아득하네. | 悠悠歲暮情 |
| 병이 많아서 술은 끊었고 | 酒仍多病廢 |
| 회포를 달래려고 시를 짓네. | 詩爲遣懷成 |

나라 걱정하는 마음은 있으나 憂國丹心在
부모를 그리다가 백발이 희어졌네. 思親白髮明
반갑게도 어젯밤 꿈에 蓬然前夜夢
고향 찾아 길을 떠났네. 尋向故園征

당시 서울에 머물고 있던 김성구는 새해가 되자 고향 생각에 마음이 어수선하였다. 속병이 심해 좋아하던 술도 끊고 그 대신에 시를 지으면서 회포를 달래 보지만 심란한 마음은 여전했다. 이처럼 나라를 걱정하는 우국충정憂國衷情에 가족과 고향을 뒤로 한 채 벼슬길에 올랐으나 꿈속에서도 고향을 그리워하는 그의 심정이 잘 드러나 있다.

우연히 읊조리다[偶吟]

산 있고 물 있어도 돌아가지 못하고 有山有水不歸去
덕 없고 재능 없어도 아직 머물러 있네. 無德無才尚滯留
일 년 동안 서울에서 무엇을 이루었나 一年東洛成何事
덧없는 인생 귀밑머리에 가을 들었네. 剩得浮生兩鬢秋

장주는 나비가 되고 나비는 장주가 되니 莊周爲蝶蝶爲周
풍진세상의 만사가 아득한 일장춘몽이네. 萬事塵寰一夢悠
세상 사람들이 이것을 깨닫는다면 若使世人能解此
덧없는 인생 잠시 쉬어 갈 수 있을 텐데. 浮生應得暫時休

김성구는 자신이 큰 재능도 없이 벼슬길에 머물러 있다 보니 귀밑머리만 하얗게 새었다고 토로하고 있다. 그러면서 장자莊子가 꿈에 나비가 되어 즐겁게 놀다가 깬 뒤에, 자기가 나비 꿈을 꾸었는지 나비가 자기 꿈을 꾸고 있는지 분별하기 어렵다고 한 「제물론齊物論」의 '호접몽胡蝶夢' 이야기를 빗대면서, 세상의 모든 것이 일장춘몽에 불과하다는 인생의 덧없음을 말하고 있다.

우연히 읊조리다 [偶吟]

| | |
|---|---|
| 달 밝은 창문 아래 나그네 꿈 싸늘한데 | 月白寒窓客夢清 |
| 청산과 냇물은 천성川城(봉화) 너머에 있네. | 青山流水隔川城 |
| 무슨 큰일 이루려고 돌아갈 계획 더디나 | 成何事業遲歸計 |
| 십 년을 세파에 묻히니 수염이 눈처럼 희어졌네. | 十載紅塵鬢雪明 |

위 시에도 벼슬로 인해 타지에서 생활하면서 고향을 그리워하는 심정이 잘 드러나 있다. '십 년을 세파에 묻히니'라는 시구로 볼 때, 1669년에 문과에 급제하고 나서 약 10년 후인 1678년 무렵에 지은 것으로 추측된다. 김성구는 벼슬로 인해 타지에 머물고 있는 자신을 '나그네'라고 칭했다. 그러면서 산천山川을 마주할 때마다 고향을 떠올리며 10여 년 벼슬살이의 허무함과 세월의 무상함을 토로하고 있다.

### 회포를 서술하다[述懷]

세상일 많고 많아 귀밑머리 희끗희끗　世事悠悠鬢欲斑
작은 창가에서 종일 청산을 바라보네.　小窓終日對青山
구름은 비를 머금고서 삼각산으로 돌아가고　雲含雨意歸三角
냇물은 얼음 녹는 소리를 내며 광나루로 흘러드네.　溪帶氷聲入廣灣
백대 동안의 광음은 순식간에 지나가고　百代光陰駒隙裏
가을의 한가로운 풍경은 쏜살같이 흘러가네.　一秋煙月馬蹄間
뜰에서 노닐던 원숭이와 학이 놀라서 도망가네　故園猿鶴多驚怨
내일 아침에는 사직하고 기필코 돌아가리라.　投紱明朝決意還

창가에 기대어 하루 종일 산을 바라보면서 고향을 그리워하는 그의 모습이 한없이 처량하게 느껴진다. 그래서인지 그의 눈에 비친 모든 것이 순식간에 지나가는 허무한 시간이다. 그러면서 내일 아침에는 반드시 사직서를 내고 고향으로 돌아갈 것을 결심한다. 참고로 김성구는 1693년에 흥주목사로 부임하러 가던 도중에 강원도관찰사에 임명되자 사직서를 제출했으나, 다시 병조참지에 제수되어 부임했다. 이듬해 1694년에는 호조참의에 임명되었지만 막내아들의 상喪을 당해 사직하고 고향으로 돌아왔다. 그리고 1707년 숨을 거둘 때까지 고향에 계속 머물렀다.

### 봄비를 반기며[喜雨]

남쪽의 시냇물이 불어난 것 바라보고　坐看前溪水已生
동창 아래 졸다 깨니 꾀꼬리가 울며 나네.　東窓睡覺又流鶯

농부가 뽕과 삼이 잘 자란다고 알려 주니 農人來報桑麻喜
세 칸의 초가에서 태평성대 즐기네. 茅屋三間卧太平

위 시는 1700년 무렵에 해저마을로 거처를 옮긴 뒤 지은 것으로 보인다. 봄비가 내려 시냇물이 불어난 광경을 느긋이 바라보다가 창문 아래서 잠시 졸고 있었는데, 꾀꼬리 울음소리에 눈을 뜬다. 그야말로 정겹고 한가로운 농촌 생활이다. 그러던 중 농부가 집으로 찾아와서 봄비가 내린 덕분에 뽕과 삼이 잘 자라고 있다고 알려 주니, 비록 초가삼간 작은 집에 살고 있지만 근심없는 나날이 더없이 즐겁다는 심정을 나타내었다.

# 2 종가의 인물

해저마을은 1700년 무렵 팔오헌八吾軒 김성구金聲久(1641-1707)가 범들이[虎坪]에서 거처를 옮겨 온 뒤 약 300년이 흐르는 동안 의성김씨 집성촌으로서의 위상을 확고히 다져 왔다. 특히 이들은 '해저김문'으로 불리면서 많은 인물을 배출해 왔는데, 여기서는 대과 급제자와 독립유공자를 중심으로 살펴보기로 하자.

해저마을 대과 급제자 표에서 보듯이 해저마을 의성김씨 가문에서는 총 18명의 대과 급제자가 배출되었는데, 팔오헌 김성구의 아랫대에서는 모두 16명이다. 이 가운데 김성구의 직계 자손은 12명이고, 나머지 4명은 방계의 후손들이다. 즉 김희주金熙周, 김희직金熙稷, 김규영金奎永은 김성구의 형인 김성후金聖厚의 자손이

대과 급제자 및 독립유공자 혈연관계도

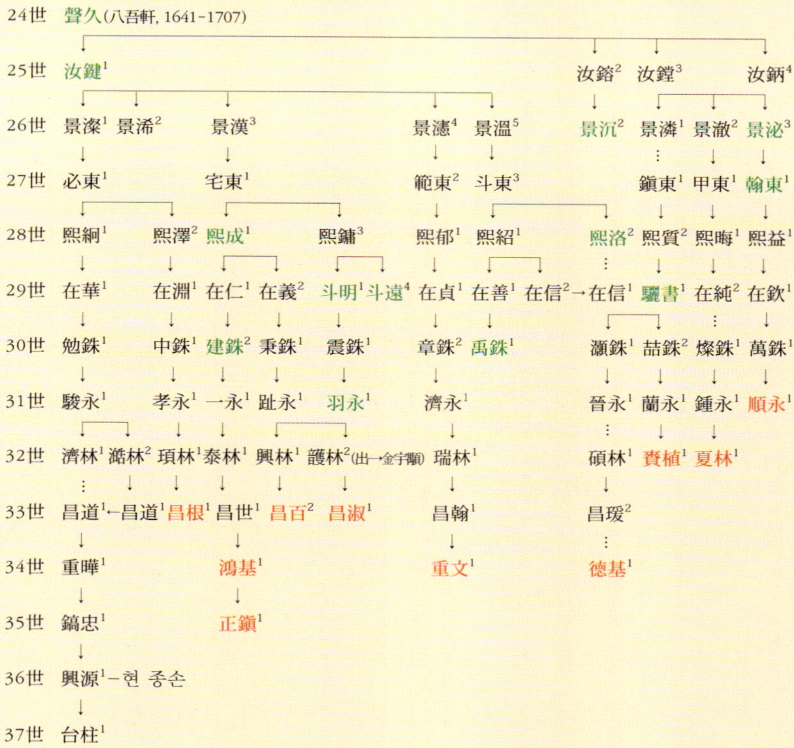


※ 녹색은 대과 급제자, 적색은 독립유공자

**해저마을 대과 급제자**

| 번호 | 성 명 | 계 보 관 계 |
|---|---|---|
| 1 | 김우굉金宇宏(1524–1590) | 개암 김우굉(김성구의 고조부) |
| 2 | 김성구金聲久(1641–1707) | 팔오헌 김성구 |
| 3 | 김여건金汝鍵(1660–1697) | 김성구의 장남 |
| 4 | 김경침金景沉(1700–1732) | 성구–여용$^{2}$–경침$^{2}$ |
| 5 | 김경필金景泌(1701–1748) | 성구–여당$^{3}$–경필$^{3}$ |
| 6 | 김한동金翰東(1740–1811) | 성구–여당$^{3}$–경필$^{3}$–한동$^{1}$ |
| 7 | 김희성金熙成(1741–1804) | 성구–여건$^{1}$–경한$^{3}$–택동$^{1}$–희성$^{1}$ |
| 8 | 김희주金熙周(1760–1830) | 김성후(김성구의 형)의 후손 |
| 9 | 김희락金熙洛(1761–1803) | 성구–여건$^{1}$–경온$^{5}$–두동$^{3}$–희락$^{2}$ |
| 10 | 김두명金斗明(1789–1841) | 성구–여건$^{1}$–경한$^{3}$–택동$^{1}$–희용$^{3}$–두명$^{1}$ |
| 11 | 김두원金斗遠(1804–1865) – 武科 | 성구–여건$^{1}$–경한$^{3}$–택동$^{1}$–희용$^{3}$–두원$^{4}$ |
| 12 | 김희직金熙稷(1742–1797) | 김성후(김성구의 형)의 후손 |
| 13 | 김이상金履常(1718–1776) | 김추임(김성구의 숙부)의 후손 |
| 14 | 김여서金驪書(1789–1837) | 성구–여당$^{3}$–경린$^{1}$–진동$^{1}$–희질$^{2}$–여서$^{1}$ |
| 15 | 김건수金建銖(1790–1854) | 성구–여건$^{1}$–경한$^{3}$–택동$^{1}$–희성$^{1}$–재인$^{1}$–건수$^{2}$ / 만회고택 |
| 16 | 김우수金禹銖(1804–1874) | 성구–여건$^{1}$–경온$^{5}$–두동$^{3}$–희소$^{1}$–재선$^{1}$–우수$^{1}$ |
| 17 | 김우영金羽永(1846–1896) | 성구–여건$^{1}$–경한$^{3}$–택동$^{1}$–희용$^{3}$–두명$^{1}$–진수$^{1}$–우영$^{1}$ |
| 18 | 김규영金奎永(1851–1946) | 김성후(김성구의 형)의 후손 |

※음영 표시는 김성구의 방계 후손임

며, 김이상金履常은 김성구의 숙부인 김추임金秋任의 자손이다. 여기서는 김성구의 직계 자손인 12명에 대해서만 살펴보기로 한다.

김여건金汝鍵은 김성구의 장남으로, 1687년 생원시에 합격하고 같은 해에 문과에 급제하여 홍문관수찬 등의 벼슬을 역임하였다. 그는 성품이 청렴하고 강직하기로 이름났는데, 실제로 김여건은 동궁 책봉 하례에 참석하지 않은 조사석趙師錫의 탄핵에 앞장서기도 했다. 그런데 1694년에 갑술환국으로 남인이 실각하고 소론이 득세하면서 조사석 일당에게 보복을 당해 명천明川

으로 유배를 가게 되었다. 김경침金景沉은 김성구의 둘째 아들인 김여용金汝鎔의 차남이다. 1725년에 문과에 급제하여 홍문관정자 등을 지냈다. 김경필金景泌은 김성구의 셋째 아들인 김여당金汝鏜의 3남이다. 1726년에 생원시에 합격하고 1735년에 문과에 급제하여 병조좌랑 등의 벼슬을 역임했다. 그는 김성탁金聖鐸, 류관현柳觀鉉, 류정원柳正源, 이상정李象靖 등과 함께 안동이 낳은 '오룡五龍'으로 불릴 정도로 영남학파를 대표하는 학자로 인정받았다. 당시 영조 임금은 이들 오룡을 위하여 시를 지어 하사했다고 한다.

| | |
|---|---|
| 화산에 내린 비바람에 다섯 마리 용이 날았으니 | 花山風雨五龍飛 |
| 절대가인으로 상서로운 이 세간에 드문 일이로다. | 絶代佳人世瑞稀 |
| 봄이 되어 두 버들이 오얏과 어울려 신선같이 노는데 | 春回二柳交仙李 |
| 쌍금이 가중되었으니 임금의 마음을 움직였도다. | 加重雙金動紫闈 |

김한동金翰東은 김경필의 장남으로, 1763년에 진사시에 합격하고 1789년에는 문과에 급제한 뒤 홍문관부교리·전라도관찰사·사간원대사간 등을 거쳐 사헌부대사헌에 올랐다. 김희성金熙成은 김여건의 셋째 아들인 김경한의 손자이다. 1790년에 문과에 급제하여 사헌부감찰과 사헌부지평 등의 벼슬을 역임했다. 김희락金熙洛은 김여건의 다섯째 아들인 김경온의 손자이다. 1792년에 사마시에 합격하고, 그로부터 수개월 후 도산별과에서 장원을 했다. 규장각의 초계문신抄啓文臣으로 선발되기도 했는데, 특

히 그는 문장이 뛰어나 정조 임금으로부터 각별한 총애를 받았으며 수많은 강제문講製文과 응제문應製文을 지어 올렸다. 사헌부지평과 사간원정언 등의 벼슬을 역임했다.

김두명金斗明은 김여건의 셋째 아들인 김경한의 증손자이다. 1822년에 생원시에 합격했고, 1824년에는 문과에 급제했다. 사헌부장령 등의 벼슬을 지냈다. 김두원金斗遠은 김경한의 증손자로, 김두명의 아우이다. 무과에 급제하여 오위장五衛將을 역임했다. 김여서金驪書는 김여당의 장남인 김경린의 증손자로, 1826년에 문과에 급제하여 군수郡守를 역임했다. 김건수金建銖는 김여건의 셋째 아들인 김경한의 현손玄孫으로, 호는 만회헌晩悔軒이다. 1830년 문과에 급제하여 사간원정언·사헌부지평·현풍현감 등을 지냈다. 특히 현풍현감으로 재임하면서 창녕·청도·양산·영산 등을 다스릴 때, 육로를 통해 밀양포로 수송해 온 세미稅米를 둘러싸고 관리들이 농간을 부리자 이를 조정에 보고하여 민생을 안정시켰는데, 그 공로로 주민들이 송덕비를 세워 주었다고 전한다. 현재 그의 후손들은 해저마을의 만회고택을 지키고 있다. 김우수金禹銖는 김여건의 다섯째 아들인 김경온의 현손이다. 1834년에 문과에 급제하여 숭릉별검과 홍문관수찬 등의 벼슬을 역임했다. 고종 때 병인양요가 일어나자 의병을 모집하는 영남 소모사召募使로 활동했으며, 1870년에는 당상관에 올라 돈녕부도정敦寧府道程이 되었다. 김우영金羽永은 김여건의 셋째 아들인 김경한의 5세손이다. 1871년에 문과에 급제하고 성균관전적·사헌부지

**해저마을 독립유공자**

| 번호 | 성 명 | 계 보 관 계 |
|---|---|---|
| 1 | 김순영金順永(1860–1934) | 성구–여당[3]–경필[3]–한동[1]–희익[1]–재흠[1]–만수[1]–순영[1] |
| 2 | 김뇌식金賚植(1877–1935) | 성구–여건[1]–경온[5]–두동[3]–희락[2]–재신[1]–철수[2]–난영[1]–뇌식[1] |
| 3 | 김하림金夏林(1846–1909) | 성구–여당[3]–경철[2]–갑동[1]–희회[1]–재순[2]–찬수[1]–종영[1]–하림[1] |
| 4 | 김창근金昌根(1878–1959) | 성구–여건[1]–경찬[1]–필동[1]–희택[2]–재연[1]–중수[1]–효영[1]–욱림[1]–창근[1] |
| 5 | 김창백金昌百(1879–1942) | 성구–여건[1]–경한[3]–택동[1]–희성[1]–재의[2]–병수[1]–지영[1]–흥림[1]–창백[2] |
| 6 | 김홍기金鴻基(1884–1954) | 성구–여건[1]–경한[3]–택동[1]–희성[1]–재인[1]–건수[2]–일영[1]–태림[1]–창세[1]–홍기[1] |
| 7 | 김중문金重文(1913–2009) | 성구–여건[1]–경헌[4]–범동[2]–희욱[1]–재정[1]–장수[2]–재영[1]–서림[1]–창한[1]–중문[1] |
| 8 | 김덕기金德基(1914–1988) | 성구–여건[1]–경온[5]–두동[3]–희락[2]–재신[1]–호수[1]–진영[1]–석림[1]–창원[2]–덕기[1] |
| 9 | 김정진金貞鎭(1925–2013) | 성구–여건[1]–경한[3]–택동[1]–희성[1]–재인[1]–건수[2]–일영[1]–태림[1]–창세[1]–홍기[1]–정진[1] |
| 10 | 김건영金建永(1848–1924) | 김성후(김성구의 형)의 후손 |
| 11 | 김헌식金憲植(1868–1934) | 김성후(김성구의 형)의 후손 |
| 12 | 김창우金昌禹(1854–1937) | 김추임(김성구의 숙부)의 후손 |
| 13 | 김창엽金昌曄(1916–1976) | 김성후(김성구의 형)의 후손 |
| 14 | 김창신金昌臣(1904–1955) | 김성후(김성구의 형)의 후손 |

※ 음영 표시는 김성구의 방계 후손임

평·사간원헌납 등의 벼슬을 지냈다.

해저김문은 퇴계학맥을 잇는 영남의 대표적 유림 가문이다. 파조인 개암開巖 김우굉金宇宏(1524–1590)은 남명 조식의 문하에서 수학하다가 과거에 급제하고 나서는 퇴계 이황의 문하에서도 수학하였다. 팔오헌八吾軒 김성구金聲久(1641–1707) 역시 퇴계학맥을 이어 나갔으며, 그의 4세손인 김희주金熙周·김희소金熙紹·김희락金熙洛은 대산 이상정의 문하에서 학문을 익혔다. 또한 해저김문에서는 정재 류치명의 문하에서도 많은 이들이 수학을 했다. 류치명의 문인록(『坪門諸賢錄』)에는 총 543명의 문인이 등재되어 있는데, 의성김씨 전체 61명 가운데 해저 16명, 금계 9명, 임하 8명, 천전 7명, 지례 3명, 귀미 3명 등으로 해저김문이 가장 많은 숫자를 나타내고 있다. 이것이야말로 해저김문의 학문적 깊이와 성향을 잘 보여 준다고 할 수 있다.

앞의 표에서 보듯이 해저마을 의성김씨 가문에서는 14명의 독립유공자가 배출되었다. 이들 가운데 9명은 김성구의 직계 자손이고, 5명은 방계의 후손이다. 즉 김건영金建永, 김헌식金憲植, 김창엽金昌曄, 김창신金昌臣은 김성구의 형 김성후의 자손이고, 김창우金昌禹는 김성구의 숙부인 김추임의 자손이다. 여기서는 김성구의 직계 자손인 9명에 대해 살펴보기로 한다.

김순영金順永은 김성구의 셋째 아들인 김여당金汝鐺의 6세손이다. 1919년 파리평화회의에 독립청원서(파리장서)를 보낼 때 문중대표로 서명운동을 전개하다가 일본 경찰에 체포되어 옥고를 치렀다. 1996년에 건국포장이 추서되었다. 김뇌식金賚植은 김성구의 장남인 김여건金汝鍵의 7세손으로, 호는 남호南湖이다. 1925년 8월에 2차 유림단 의거 당시 군자금을 모아 전달하면서 독립운동을 지원했으며, 1926년 3월에 또다시 군자금 모금운동을 하다가 체포되었다. 1990년에 애족장이 추서되었다. 현재 후손들은 해저마을의 남호구택을 지키고 있다. 김하림金夏林은 김여당의 7세손이다. 1896년 안동의 권세연權世淵과 김도화金道和 의진義陣에 가담해 항일 무장투쟁을 전개하였다. 당시 김하림은 권세연 의병장 아래서 부총副摠과 도총都總으로 활동했고, 김도화 의병장 아래서는 안동 의진의 도총으로 활약했다. 2001년에 건국포장이 추서되었다.

김창근金昌根은 김여건의 8세손이다. 1925년 심산心山 김창숙金昌淑이 북만주에서 독립군 기지를 개척하기 위해 국내에서 자금을 조달할 때 이에 동참하여 자금 모금운동을 전개하다가 체포되어 옥고를 치렀다. 또 나석주羅錫鑄의 동양척식주식회사 폭탄투척 사건에 연루되어 조사를 받기도 했다. 1992년에 대통령 표창이 추서되었다. 김창백金昌百은 김여건의 8세손으로, 심산 김창숙과 종형제이다. 1908년 대한협회 성주 지부 설립에 가담했으며, 1919년 3월 경북 유림단에서 추진한 파리장서 서명운동에 참여하였다. 또 중국으로 망명한 김창숙이 주도하는 내몽골 지방 독립운동기지 건설을 위해 입국한 송영호宋永祜와 함께 자금 모집 요원으로 활동하다가 1928년 12월 무렵에 체포되어 옥고를 치렀다. 1990년에 애족장이 추서되었다.

김홍기金鴻基는 김여건의 9세손이면서 만회헌晩悔軒 김건수의 현손玄孫이다. 1919년에 파리장서 서명운동을 전개하다가 체포되었고, 이후 중국으로 망명한 김창숙이 주도하는 내몽골 지방 독립운동기지 건설 자금을 모금할 때 김창숙의 지령서를 김뇌식에게 전달하는 등 적극 협조했다고 해서 또다시 체포되었다. 1990년에 애족장이 추서되었다. 김중문金重文은 김여건의 9세손이다. 1932년 11월 무렵 김창신金昌臣, 김덕기金德基 등과 함께 봉화 지역 아나키즘단체인 '흑색청년자유연합회'를 조직했는데, 1933년 4월에 마을 청년 김창정金昌鼎이 일제의 협력자인 권시약에게 구타를 당하자 연합회 회원들을 이끌고 권시약의 집으로 몰려가서 보복 구타를 하다가 일본 경찰에 체포되었다. 당시 조사 과정에서 흑색청년자유연합회가 발각되어 옥고를 치렀다. 1990년 애족장이 추서되었다. 김덕기金德基는 김여건의 9세손이다. 1932년 11월에 김중문과 함께 흑색청년자유연합회를 조직했으며, 이듬해 김중문과 함께 권시약 보복 구타에 참여했다가 체포되어 옥고를 치렀다. 1990년에 애족장이 추서되었다. 김정진金貞鎭은 김여건의 10세손이면서 만회헌晩悔軒 김건수의 5세손이고, 독립유공자 김홍기의 아들이다. 1943년 4월 대구상업학교 재학 중에 항일 학생결사 조직인 '태극단太極團'에 가입하여 비서장 및 관방국 경제부장으로 활동하다가 5월 무렵에 체포되어 옥고를 치렀다. 1990년에 애족장이 추서되었다. 이 외에 김창희金昌禧, 김중욱金重旭 등의 애국지사도 있는데, 증거자료가 유실되어 지금까지 독립유공자로 지정되지 못하고 있는 실정이다.

한편 심산 김창숙의 부친 김호림金頀林(1842–1896)은 원래 해저마을 출신으로, 김성구의 8세손이다. 그는 김지영金趾永의 차남으로 태어나 동강東岡 김우옹金宇顒(1540–1603)의 11대 종손인 김도영金道永에게 양자로 들어갔다. 이런 이유로 김창숙은 마음 깊은 곳에 항상 해저김문을 가까이 생각하고 있었다. 다음은 김창숙이 족형族兄 김창조金昌兆에게 쓴 편지글의 일부이다.

… 숙淑은 지금 죽을 날이 얼마 남지 않았는데 병든 아내와 어린 자식을 부탁할 곳이 없고, 사월리의 여러 종중宗中에도 역시 믿을 만한 사람이 없습니다. 이 때문에 아내와 자식을 거느리고 사당의 신주를 받들고서 해저로 옮겨 가려 하고 있는데 …

이처럼 김창숙은 병든 아내와 어린 자식을 해저김문에 부탁하려고 했다. 이는 김창숙이 해저의 일가를 신뢰하고 있었음을 잘 보여 주는 대목이라 할 수 있다. 이런 이유로 해저김문 역시 김창숙의 권유로 1차 유림단 의거에 동참했다가 마을 전체가 힘든 나날을 보냈지만, 6년이 지난 뒤 2차 유림단 의거 때도 기꺼이 그와 뜻을 같이했다.

해저김문이 독립운동에 앞장서게 된 데는 김창숙의 영향도 있었지만, 대부분의 전통유림들이 그러했듯이 해저김문의 사람들도 19세기 개항을 전후로 위정척사의식을 갖고 있었다. 특히 1880년 11월 1일 도산서원 유림들이 영남 전역에 척사 통문을 발송하면서 시작된 영남만인소운동에서 해저마을 출신의 김조영金祖永은 2차 상소 때 영남 유림을 대표하여 소두疏頭로 추대되기도 했다. 물론 영남 유림의 대부분이 참여했던 상소운동이지만, 그 대표가 해저김문이었다는 사실만으로도 이들의 척사의식을 짐작할 수 있다.

# 제3장

# 종가의 문화유산

종가의
문화유산

# 1 기록 문화

팔오헌종가는 2017년에 『의성김씨세보義城金氏世譜』(필사본), 『칠봉선생일집七峯先生逸集』, 『개암선생문집開巖先生文集』, 『동강선생문집東岡先生文集』, 『선고先稿(팔오헌집)』 등의 고서류 153종 281책, 교지敎旨를 포함한 고문서류 498점, 서화류 3점, 안경과 안경집, 관자貫子, 호패 등의 기타류 3점을 포함한 785점을 한국국학진흥원에 기탁했다. 이들 자료를 바탕으로 팔오헌종가의 기록 문화를 살펴보기로 하자.

## 1) 고서류

### (1) 『의성김씨세보義城金氏世譜』(필사본, 1책)

1세 김용비金龍庇 - 2세 김영金英 - 3세 김지예金之銳 - 4세 김수덕金修德 - 5세 김용초金用超 - 6세 김화金和 - 7세 김종사金宗師 - 8세 김계손金季孫 - 9세 김종혁金從革 - 10세 김치정金致精 - 11세 김희삼金希參 - 12세 김우굉金宇宏 - 13세 김득가金得可 - 14세 김율金瑮 - 15세 김추길金秋吉 - 16세 김성구金聲久 - 17세 김여건金汝鍵까지 기록되어 있는 필사본 족보로, 자료적 가치가 높다. 특히 신라 경순왕의 4남 김석金錫을 1세로 하는 여타 족보와 달리 실제적인 행적이 남아 있는 9세 김용비를 시조로 삼고 있는 점이 주목된다.

### (2) 『족보초族譜抄』(필사본, 1책)

족보 가운데 간략한 내용만을 발췌해 둔 것으로, 족보의 요약본이라고 할 수 있다. 한편 김성구金聲久의 경우 초명初名은 '김성창金聲暢'으로 되어 있으며, 이름 우측에 '성구聲久'라고 정정되어 있는 점이 흥미롭다.

### (3) 『문소세고聞韶世稿』(1798년, 목활자본, 6책)

의성김씨 9세까지의 인물을 중심으로 273년간의 행적을 모아 놓은 것으로, 원래 11책이었지만 6책만 전한다. 의성김씨 문중의 가학 전통을 엿볼 수 있는 유의미한 자료로 평가되고 있다. 권1

에는 세계도世系圖, 김용비의 「시조첨사공묘비始祖詹事公墓碑」, 「진민사이건기鎭民祠移建記」, 김희삼(1507–1560)의 『칠봉선생일집七峯先生逸集』과 김우홍(1522–1590)의 『이계일고伊溪逸稿』가 실려 있으며, 권2~4에는 김우굉(1524–1590)의 『개암선생문집開巖先生文集』, 권5에는 김우용(1538–1608)의 『모계일고茅溪逸稿』와 김우옹(1540–1603)의 『동강선생일고東岡先生逸稿』, 권6에는 김득가(1547–1591)의 『주봉일고柱峯逸稿』, 권7~8에는 김율(1568–1651)의 『천유당유고天有堂遺稿』, 권9에는 김추임(1592–1654)의 『외서암일고畏棲菴逸稿』, 권10~11에는 김추길(1603–1686)의 『학정일고鶴汀逸稿』, 권12~17에는 김성구(1641–1707)의 『팔오헌선생문집八吾軒先生文集』과 김성유金聲裕(1645–1691)의 『진사공유사進士公遺事』, 권18에는 김여탁(1658–1726)의 『초당공묘갈명草堂公墓碣銘』과 김여건金汝鍵(1660–1697)의 『수찬공유고修撰公遺稿』, 권19에도 『수찬공유고』, 권20에는 김여용(1662–1735)의 『망도옹유고望道翁遺稿』, 김여당(1667–1737)의 『졸암유고拙菴遺稿』, 김여병(1673–1694)의 『처사공묘지處士公墓誌』, 권21에는 김경찬(1680–1722)의 『송학유고松鶴遺稿』, 권22에는 『송학유고』, 김경한(1687–1759)의 『처사공유사處士公遺事』와 김경헌(1690–1744)의 『송암유고松庵遺稿』, 권23~25에는 김경온(1692–1734)의 『단사유고丹砂遺稿』, 권26에는 김경린의 『처사공묘지處士公墓誌』, 김경철(1698–1764)의 『서파일고西坡逸稿』, 김경침(1700–1732)의 『송와공묘갈명松窩公墓碣銘』, 권27~28에는 김경필(1701–1748)의 『학음유고鶴陰遺稿』, 권29에는 『학음유고』, 김국채(1688–1751)의 『호수공묘갈명湖叟公墓碣銘』, 권30에는 김필동

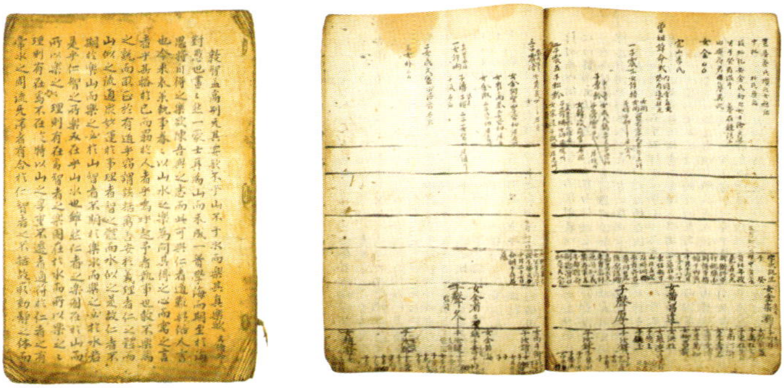

『의성김씨세보』

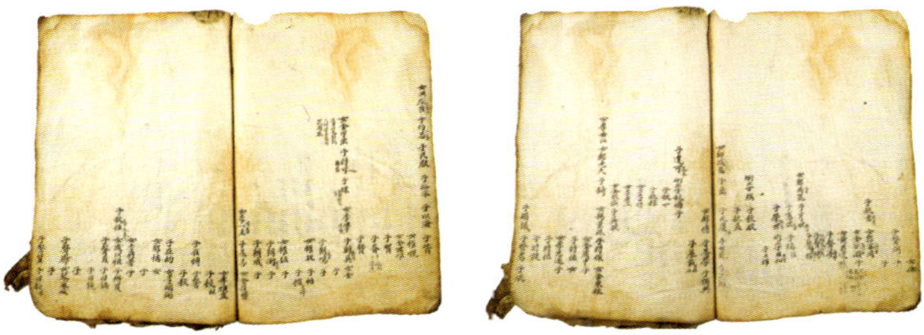

『족보초』

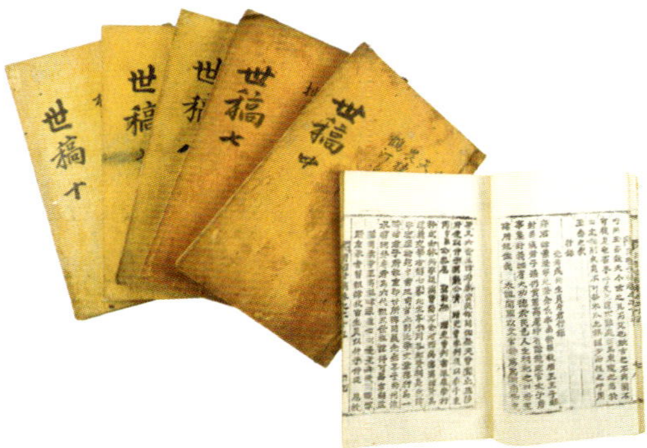

『문소세고』

(1706–1756)의 『나계유고羅溪遺稿』, 권31에는 김택동(1708–1778)의 『일지와유고一枝窩遺稿』, 권32에는 김서동(1709–1771)의 『백라헌유고百懶軒遺稿』, 김호동(1710–1762)의 『망운재행록望雲齋行錄』, 김익동(1716–1780)의 『송하공묘갈명松下公墓碣銘』이 각각 실려 있다. 권말에는 23세 김진동金鎭東(1727–1807)이 1798년에 작성한 지識가 있다.

### (4) 『칠봉선생일집七峯先生逸集』(1804년, 목판본, 1책)

칠봉七峯 김희삼金希參(1507–1560)의 시문집이다. 임진왜란 때 유실된 시문을 막내아들 동강東岡 김우옹金宇顒이 수집·정리하고, 1804년에 8대손 김한동金翰東이 간행했다. 한편 서書의 「답노인보경린答盧仁甫慶麟」은 성주부사가 영봉서원迎鳳書院의 사당에 이조년李兆年과 이인복李仁復의 배향 여부에 대해 질의한 것에 김희삼이 답신을 보낸 내용이다. 그리고 책策의 「군도신직책君道臣職策」은 『서경』의 「무일편無逸篇」을 예로 들면서 군신의 도리와 직분을 논한 것이다.

### (5) 『개암선생문집開巖先生文集』(1729년, 필사본, 1책)

개암開巖 김우굉金宇宏(1524–1590)의 문집으로 4권 1책이다. 1729년 김우굉의 5세손인 김여용金汝鎔이 편집·간행했다. 권두에 이광정李光庭이 작성한 서문과 연보가 실려 있고, 권말에 김여용의 발문이 있다. 권1에 시 17수, 부賦 7편이 실려 있고, 권2에 승려 보우普雨를 참할 것을 청한 소疏 5편 등이 있으며, 권3에는 스

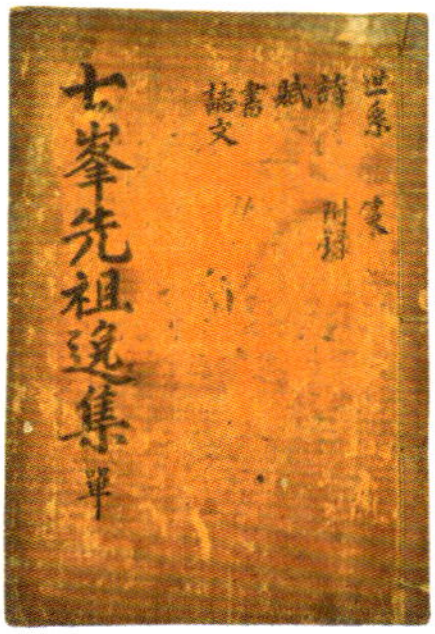

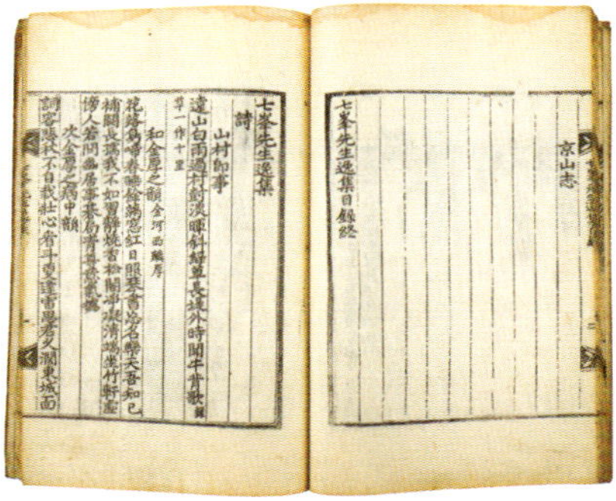

『칠봉선생일집』

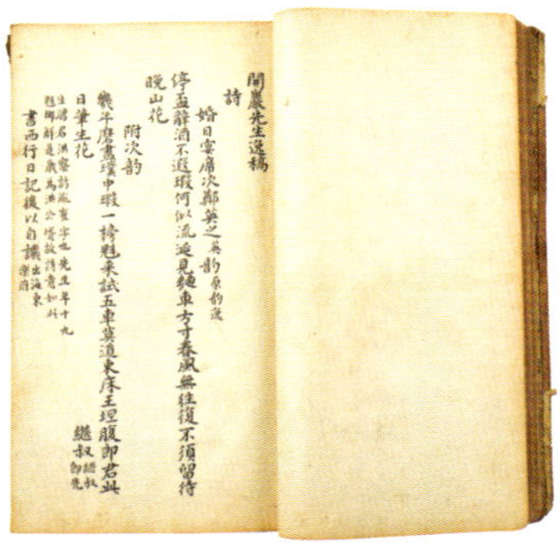

『개암선생문집』

승인 퇴계 이황을 비롯하여 노수신盧守愼에게 상제례의 의문점을 질문한 문목問目과 그에 대해 답한 내용의 서書 4편 등이 수록되어 있다. 권4는 부록으로 김우굉의 행장, 묘갈명, 만사輓詞, 제문, 봉안문 등이 실려 있다.

(6)『동강선생문집東岡先生文集』(목판본, 2책)

동강東岡 김우옹金宇顒(1540–1603)의 시문집이다.『동강집』은 모두 세 차례 간행되었다. 초간본은 원집 17권과「보유補遺」1권,「부록」1권으로 총 19권 6책인데,「연보」에 따르면 1661년에 완성되었다고 한다. 또 1906년에는 원집과 보유를 합쳐 17권으로 다시 편차했으며, 별책의「연보」와「부록」을 4권으로 묶어 11책의 목판본으로 간행했다. 권1에는 자연의 산수를 읊은 시를 비롯해 회령會寧 유배지에서 지은 황화사黃華詞, 부賦 등이 있다. 권2~17에는 소疏, 사辭, 계啓, 서書, 경연강의 등이 실려 있으며, 권18에는 시詩, 기행紀行, 발跋, 만장挽章, 부賦, 소차疏箚, 계사啓辭, 서書, 제문祭文, 선군자칠봉선생언행록先君子七峯先生言行錄 등이 있다. 권19에는 제문, 만장, 서원 봉안문, 축문과 예조참판 이현석이 쓴 익장謚狀 등이 있으며, 부록 별책으로 동강선생세계도東岡先生世系圖, 동강선생연보, 치제문 및 조정군신의 제문, 만장, 한강 정구가 찬撰한 행장 1책과 여헌 장현광이 작성한 행장과 발문이 있다.

(7)『가고家稿』(필사본, 1책)

김희삼金希參(1507–1560)의『칠봉선생일집七峯先生逸集』, 김우굉金宇宏(1524–1590)의『개암선생문집開巖先生文集』, 김우옹金宇顒(1540–1603)의『동강선생일고東岡先生逸稿』등의 내용 일부가 수록되어 있다. 또 김우굉이 1585년에 고향인 상주에서 은거 생활을 할 때

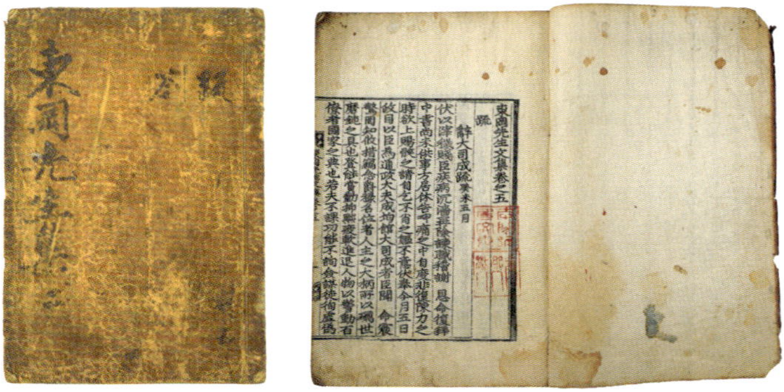

『동강선생문집』

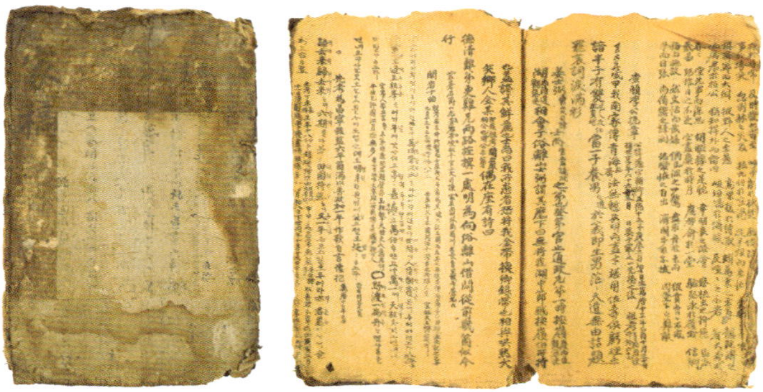

『가고』

지은 「개암십곡開巖十曲」 일부와 김득가金得可의 시조 한 수가 필사되어 있다.

### (8) 『가장초家狀草』(필사본, 1책)

김성구金聲久가 친필로 작성한 부친 김추길金秋吉(1603~1686)의 행장이다. 김추길은 1630년에 생원시에 합격했으며, 1678년에는 통정대부通政大夫 절충장군折衝將軍 첨지중추부사僉知中樞府事에 제수되고 1684년에 장렬왕후莊烈王后의 회갑을 맞아 가선대부행용양위부호군嘉善大夫行龍驤衛副護軍에 가자加資되었다.

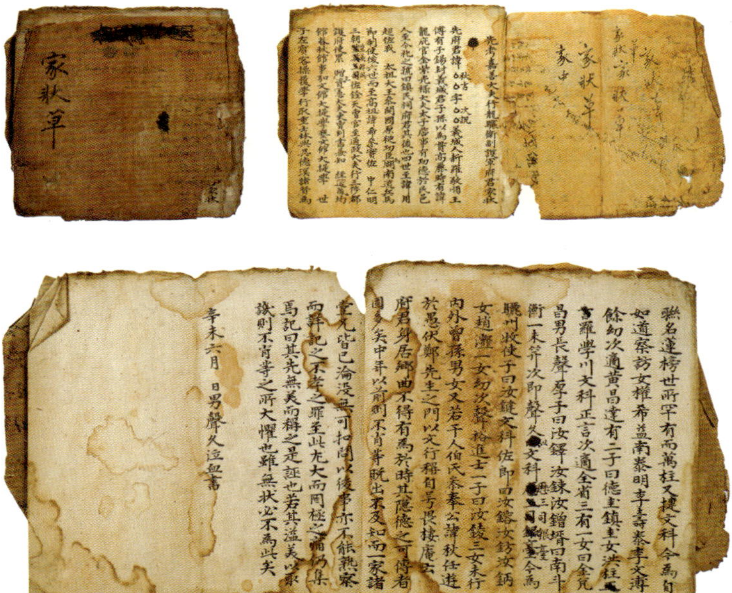

『가장초』(김추길)

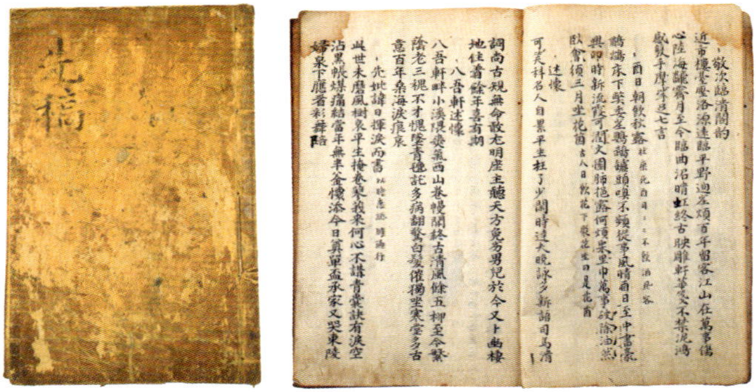

『선고(팔오헌집)』

(9) 『선고先稿(팔오헌집)』(필사본, 1책)

팔오헌八吾軒 김성구金聲久(1641–1707)의 문집으로, 필사본 1책이다. 첫머리에 세계도世系圖가 있으며, 권1~2에는 시詩가 실려 있다. 권3에는 소疏 5편, 계사啓辭 7편, 연주筵奏, 경연강의, 장狀 3편이 수록되어 있으며, 권4에는 서書 13편, 명銘 1편, 기우제문과 기설제문祈雪祭文, 고유문 등의 제문, 행장 1편과 잡저 8편이 있다. 권5~6에는 유배 시절의 기록을 담은 『남천록南遷錄』이 실려 있으며, 권7은 부록으로 김성구의 행장, 묘갈명, 묘지명, 제문 등이 담겨 있다.

(10) 『유집遺集(팔오헌집)』(필사본, 1책)

팔오헌 김성구의 시와 제문, 행장 등을 수록한 시문집이다. 부록으로 행장, 제문, 묘지명, 묘갈명 등이 있다. 원래 『문소세고聞韶世稿』에 실려 있었으나, 6세손 김우수金禹銖(1804–1874)가 가장

초고家藏草稿를 바탕으로 『문소세고』에 미처 수록되지 않은 시와 『남천록南遷錄』 등을 추가했다.

(11) 『가장초家狀草』(필사본, 1책)

김여용金汝鎔이 지은 부친 팔오헌八吾軒 김성구金聲久의 가장家狀 친필본이다.

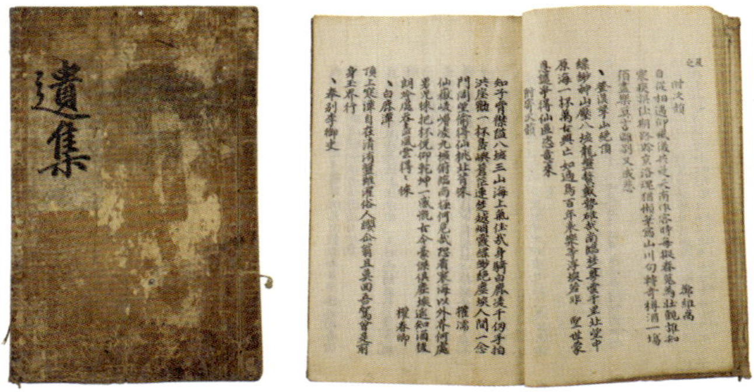


『유집(팔오헌집)』

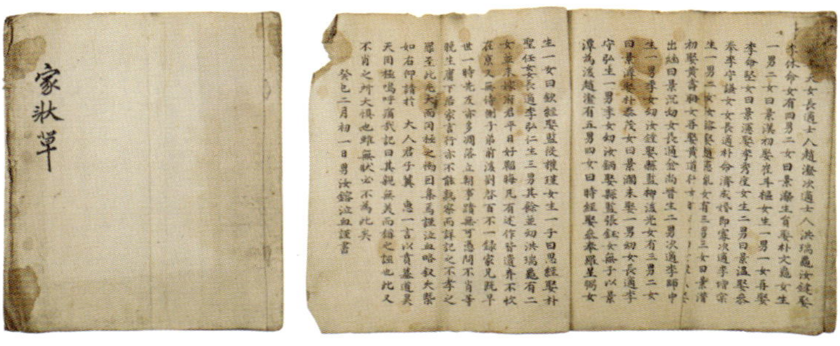


『가장초』(김성구)

(12)『**묘갈명초**墓碣銘抄』(필사본, 1책)

옥천玉川 조덕린趙德鄰(1658-1737)이 김성구의 두 아들 부탁으로 작성한 묘갈명이다.

(13)『**송학일고**松鶴逸稿』(필사본, 2책)

팔오헌 김성구의 장손長孫인 김경찬金景澯(1695-1716)의 시문집 초고草稿이다.

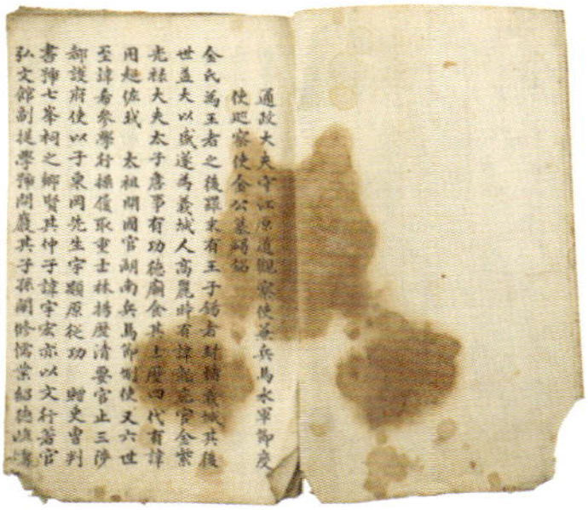

『묘갈명초』

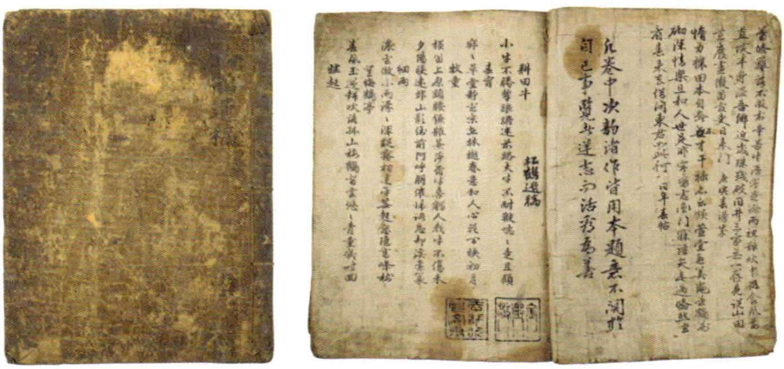

『송학일고』

(14) 『송학처사묘지명松鶴處士墓誌銘』(필사본, 1책)

소산小山 이광정李光庭(1714-1789)이 지은 김경찬金景澯의 묘지명이다.

(15) 『송암선생실기松庵先生實紀』(1966년, 석판본, 1책)

팔오헌 김성구의 셋째 손자인 김경헌金景瀗(1690-1744)의 시문집이다.

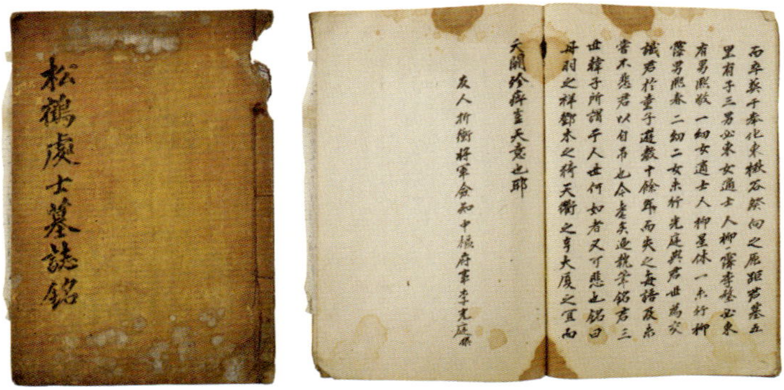


『송학처사묘지명』

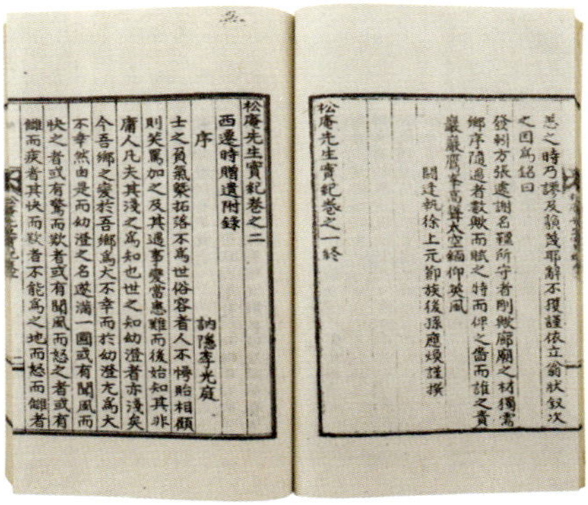

『송암선생실기』

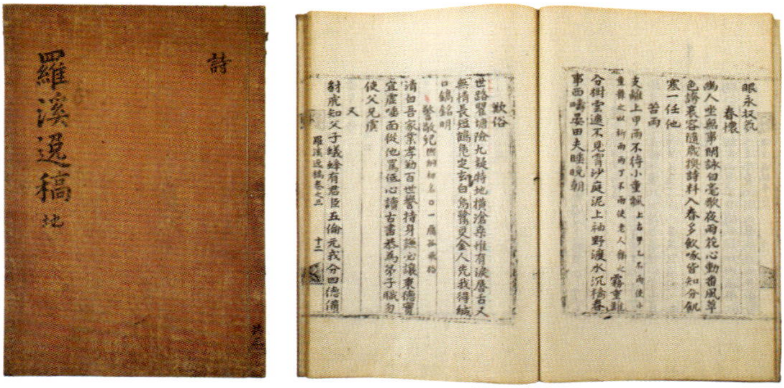

『나계일고』

(16) 『**나계일고**羅溪逸稿』(필사본, 1책)

팔오헌 김성구의 증손자인 김필동金必東(1706-1756)의 시문을 모아 놓은 『나계유고羅溪遺稿』의 필사본이다. 부록에 정재定齋 류치명柳致明(1777-1861)이 지은 묘지명이 실려 있다.

(17) 『**갈천선생연보**葛川先生年譜』(1964년, 석판본, 1책)

갈천葛川 김희주金熙周(1760-1830)의 세계도世系圖와 그의 연보를 수록한 책이다.

(18) 『**수득록**隨得錄』(필사본, 1책)

김철수金喆銖(1822-1887)가 자신이 지은 시문을 필사해 놓은 책이다. 내용 가운데 「소백산유기小白山遊記」는 1887년 여름에 가형家兄과 족형族兄 김익수金益銖 등과 함께 소백산 일대의 백운동서원, 죽계구곡竹溪九曲, 초암사草庵寺, 석륜암石崙寺, 국망봉을 유람할 때 퇴계 이황의 유산록遊山錄을 인용하면서 자신의 감회를 기술한 것이다.

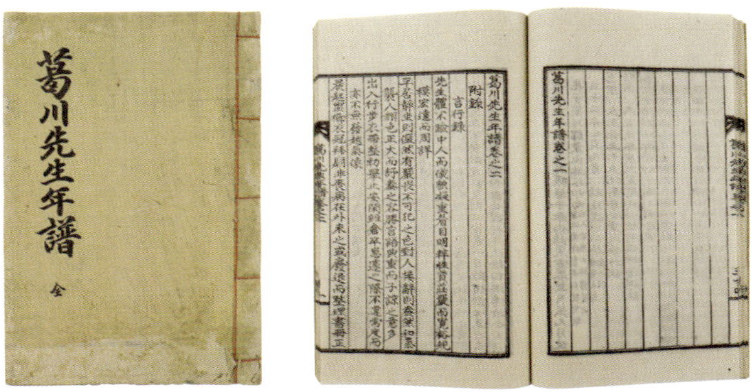


『갈천선생연보』

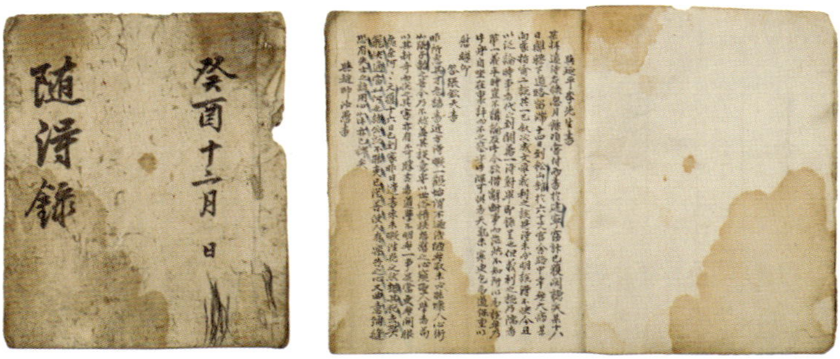


『수득록』

## 2) 고문서류

### (1) 「김희경 준호구準戶口」(1783년)

1783년 1월에 안동현安東縣 내성乃城 제2 송내리松內里 제3통統 제1호戶 김희경金熙絅이 발급받은 준호구이다. 호주 김희경은 당시 52세였으며, 그의 사조四祖는 부친 학생 김필동金必東, 조부 성균 생원 김경찬金景澯, 증조부 홍문관수찬 김여건金汝鍵, 외조부 부림缶林 학생 홍명구洪命龜, 처부 창원昌原 학생 황응륜黃應綸이다.

### (2) 「김성구 별급문기別給文記」(1669년)

생원 김추길金秋吉이 1669년 9월 6일에 아들 팔오헌八吾軒 김성구金聲久(1641-1707)에게 특별히 재산을 물려주면서 작성한 분재기이다. 당시 김성구는 식년문과에 갑과로 급제하여 축하 선물로 재산을 분급받았다.

### (3) 「동종계첩同宗稧帖」(1670년)

팔오헌八吾軒 김성구金聲久가 1670년 3월에 작성한 문소김씨聞昭金氏 족계族稧 서문과 계헌稧憲, 계원稧員 19인의 명단을 수록해 둔 계첩稧帖이다. 뒷부분에 '김희경金熙絅'의 낙관이 찍혀 있다. 문소 족계는 불구당不求堂 김주金䞗(1606-1681)의 조부인 김형윤金亨胤 때 처음 결성되었으며, 임진왜란으로 중단되었다가 80년 뒤인 1667년에 김주가 재결성하고 그해 7월에 미수眉叟 허목許穆

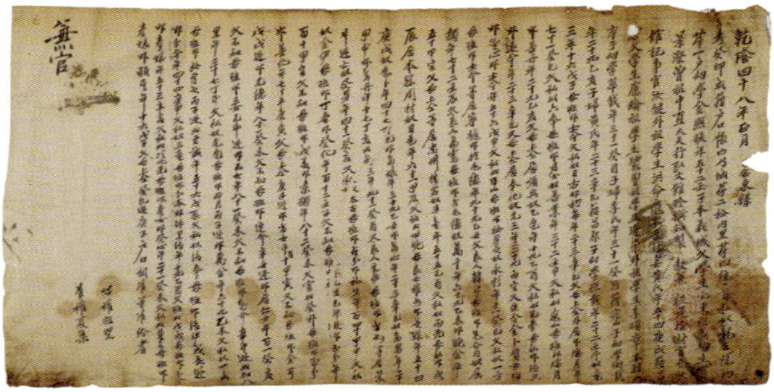

「김희경 준호구」

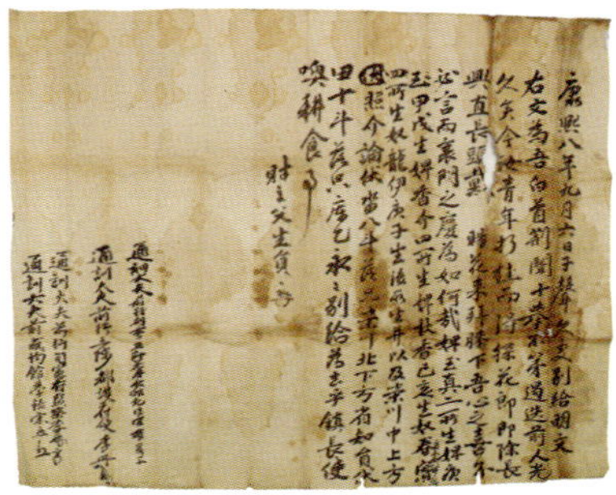

「김성구 별급문기」

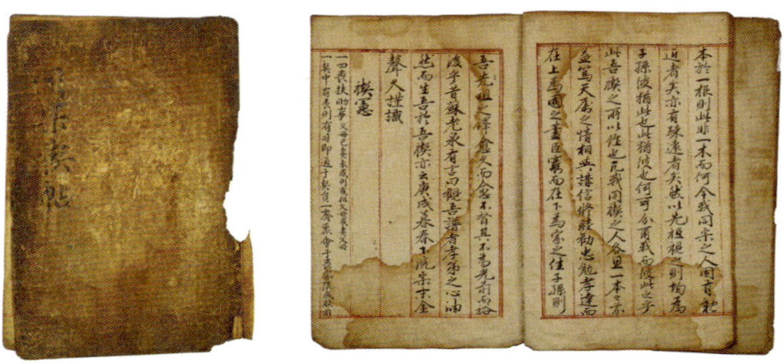

「동종계첩」

(1595-1682)·김주·김성구 등이 계첩의 서문을 지었다. 허목은 서문에서 "문소 족계는 소목昭穆을 분별하여 친애를 펴는 것으로, 기쁜 일에는 축하하고, 우환에는 돕고, 길 떠날 때는 전별해 주고, 때때로 회합을 가져서 신의信義와 화목을 닦아 효제를 돈독히 다지면서 풍속을 두텁게 하니, 예로부터 전해 오는 가르침이다."라고 했다.

### (4) 「반촌동화록泮村同話錄 좌목座目」(1687년)

팔오헌 김성구의 장남인 김여건金汝鍵(1660-1697)이 1687년에 성균관에서 함께 공부한 지평持平 윤유기尹悠期, 지평 조덕순, 진사 권두광 등 32인의 관직, 이름, 자, 생년, 본관 등을 기록해 둔 것이다.

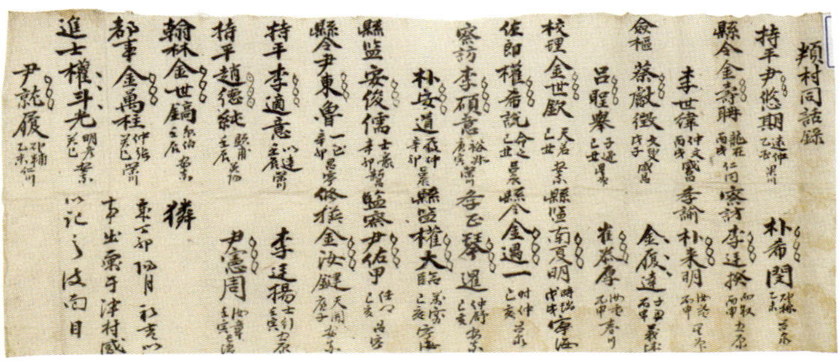

「반촌동화록 좌목」

(5)「팔오헌별묘八吾軒別廟 상량문上樑文」(1841년)

팔오헌 김성구의 6세손 김정수金正銖가 1841년 9월 16일에 김성구를 모신 사당을 세운 뒤 6세손 김효영金孝永이 쓴「팔오헌별묘 상량문」이다.

(6)「숙종대왕 사제문賜祭文」(1707년)

1707년 5월 18일에 숙종이 감사監司 김성구金聲久의 영령에 내린 제문[賜祭文]이다. 예조좌랑 여명거呂命擧가 찬술하고, 홍문관 수찬 홍중휴洪重休(1667-1717)가 시행하였다. 사제문의 내용을 요약하면 다음과 같다.

| | |
|---|---|
| 이른 나이에 과거에 급제하여 | 早擢嵬科 |
| 낭관이 되어 일찍 승진했네. | 廊署積薪 |
| 경은 영남 사람으로 | 卿惟嶺人 |
| 누구보다 먼저 선발되었네. | 簡拔宜先 |
| 사헌부와 사간원에 임용하니 | 試之臺省 |
| 풍채가 늠름하였고 | 風采凜然 |
| 홍문관에 임명하니 | 盛之玉堂 |
| 문아가 넘쳐났네. | 文雅有餘 |
| 온화하게 경서를 이야기하고 | 醞藉談經 |
| 절실하게 상소를 올리며 | 剀切封疏 |
| 때때로 일에 따라 규간한 것은 | 隨事規警 |
| 참으로 충심에서 나왔네. | 實出忠悃 |
| 내가 독실함을 가상히 여기고 | 予嘉曰篤 |
| 특별한 은총으로 표창했네. | 褒以華衮 |

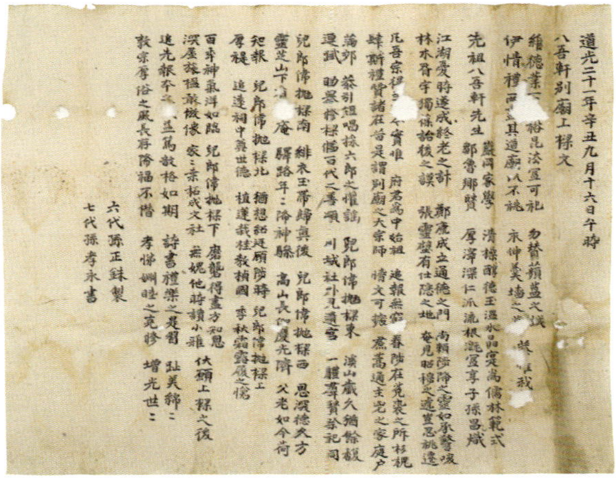

「팔오헌별묘 상량문」

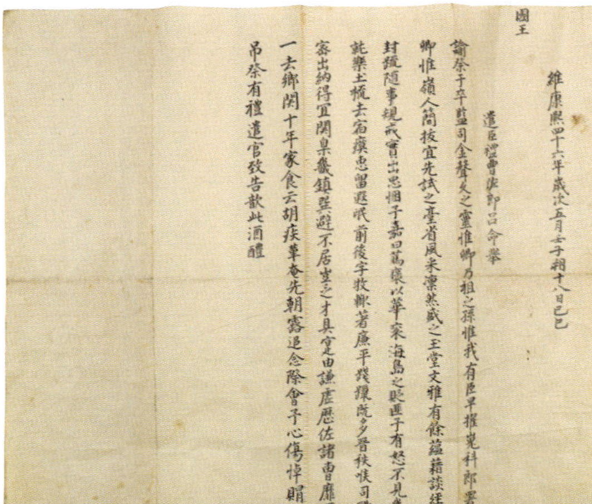

「숙종대왕 사제문」

| | |
|---|---|
| 섬으로 좌천시킨 것은 | 海島之貶 |
| 내가 진노해서가 아니네. | 匪予有怒 |
| 공은 눈치를 살피지 않고 | 不見幾微 |
| 즐거운 곳으로 떠나듯 갔네. | 如就樂土 |
| 고을의 묵은 폐단을 제거하고 | 梳去宿瘼 |
| 먼 지방의 백성에게 은혜를 끼쳤네. | 惠留遐氓 |
| 전후로 목민관을 지내며 | 前後字牧 |
| 늘 청렴하고 공평하게 다스렸네. | 輒著廉平 |
| 많은 관직 역임하고 | 踐躐旣多 |
| 승정원에 올랐네. | 晉秩喉司 |
| 임금을 가까이 모시며 | 職親地密 |
| 왕명 출납을 합당하게 처리했네. | 出納得宜 |
| 강원도와 경기도에서 | 關臬畿甸 |
| 사양하고 부임하지 않았는데 | 巽避不居 |
| 어찌 재능이 부족해서이랴 | 豈乏才具 |
| 참으로 겸허해서라네. | 寔由謙虛 |

(7) 「**김성구**金聲久 **묘갈명초**墓碣銘草」

권환權瑍이 김성구의 아들 김여당金汝鏜(1667~1719)의 부탁을 받고 지은 김성구의 묘갈명 초고이다.

(8) 「**김여건**金汝鍵 **시권**試券 **명지**名紙」(1687년, 생원시)

팔오헌 김성구의 장남인 김여건金汝鍵(1660~1697)이 1687년 28세 때 생원시에 합격한 시권의 일부이다. 김여건과 사조四祖의 인적 사항이 기재되어 있다.

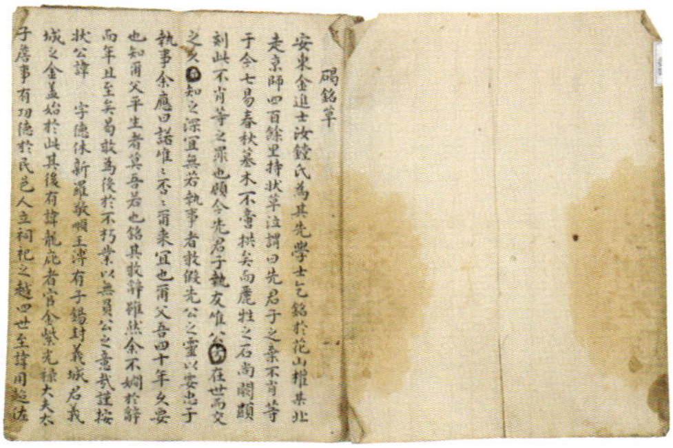

「김성구 묘갈명초」

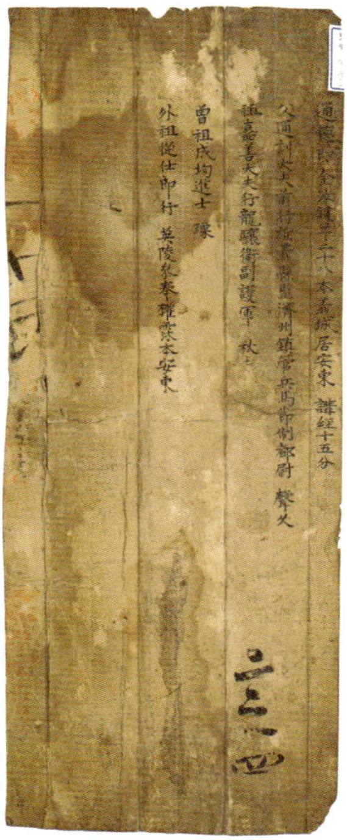

「김여건 시권 명지」

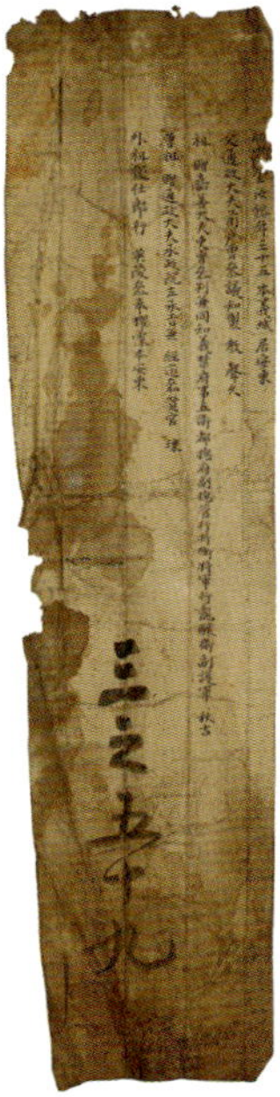

「김여용 시권 명지」

(9) 「김여용金汝鎔 시권試券 명지名紙」

(1696년, 생원시)

팔오헌 김성구의 차남인 김여용金汝鎔(1662-1735)이 1696년 35세 때 생원 2등 59인에 합격한 시권의 일부이다. 김여용과 사조四祖의 인적 사항이 기재되어 있다.

(10) 「소백산유기小白山遊記 시문詩文」(1887년)

1887년 4월 그믐에 김철수金喆銖(1822-1887)가 소백산을 유람하고 지은 글이다. 김철수의 『수득록隨得錄』에 유사한 내용이 필사되어 있다. 김철수는 1887년 여름에 가형家兄과 족형族兄 김익수金益銖, 권옥연權玉淵, 윤인석尹仁錫, 정원석鄭元錫 등과 함께 소백산 일대의 백운동서원, 죽계구곡竹溪九曲, 초암사草庵寺, 석륜암石崙寺, 국망봉을 유람하면서 주세붕과 퇴계 이황의 유산록遊山錄을 인용하여 자신의 감회를 기술해 두었다.

(11) 「열부전씨전烈婦全氏傳 시문詩文」

김철수金喆銖(1822-1887)가 전도열全道烈의 딸 옥천전씨의 열행烈行을 상세하게 기록해 둔 전기이다. 봉화 해저마을에 살던 의성 김씨 김수림金洙林이 병석에 있다가 부인의 정성스런 간병에도 불

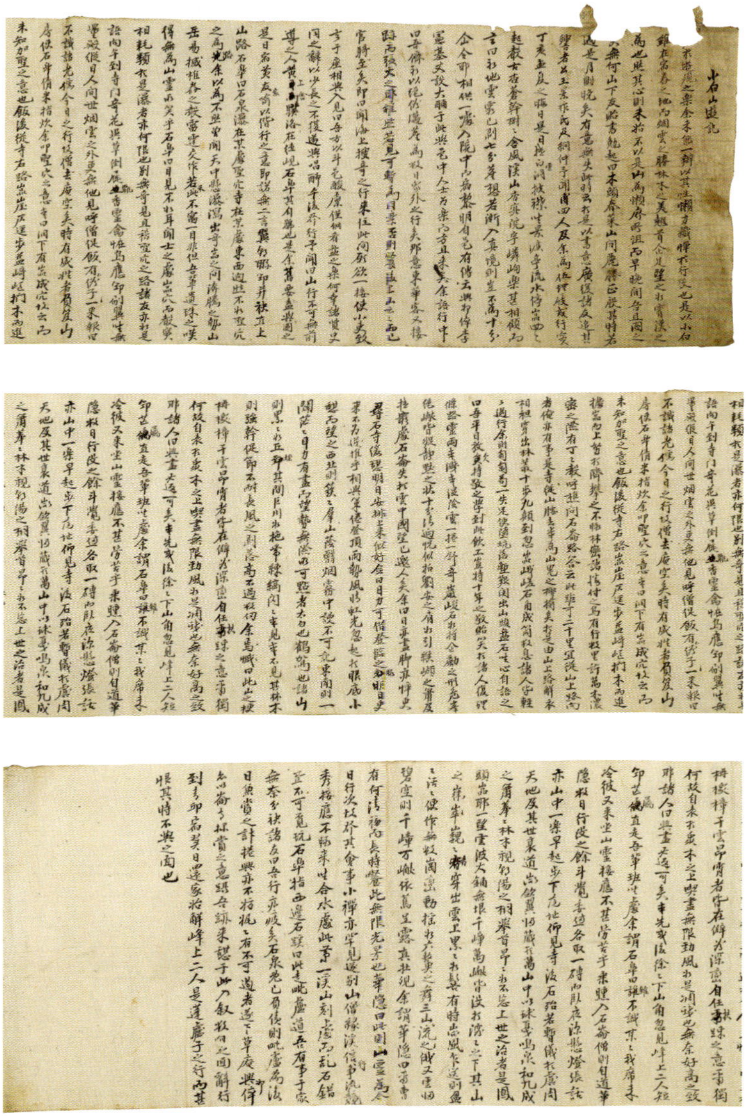

「소백산유기 시문」

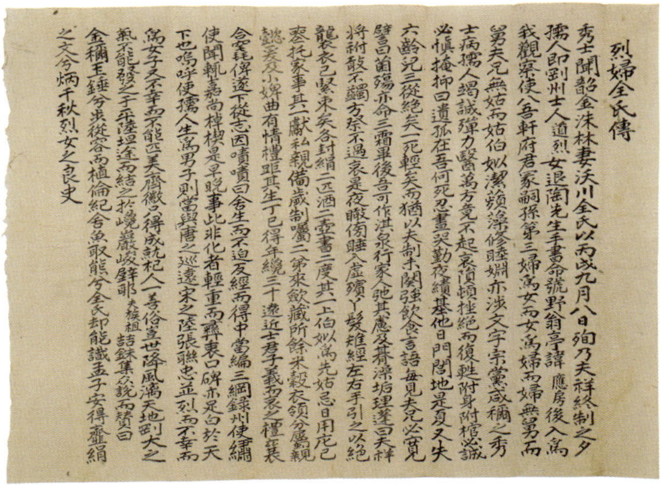

「열부전씨전 시문」

구하고 세상을 뜨자, 부인인 옥천전씨는 남편의 상喪을 치르고 대상大祥을 거행하던 저녁에 빈소에서 머리카락을 양 가닥으로 묶어 자신의 목에 감고는 자진自盡했다. 30세의 나이였다. 맏동서와 친정에 유서 2장을 남겼다.

# 2 건축 문화

팔오헌 김성구의 입향 이래 해저마을은 약 300년 동안 의성김씨 집성촌으로 자리매김해 왔다. 입향 당시 김성구는 종택을 건립할 자리를 잡은 뒤 마을 내에 우물을 조성하여 집성촌으로서의 터전을 마련했는데, 이후 300여 년이 흐르는 동안 후손들이 세거하면서 해저마을 의성김씨 관련 유적들은 점차 증가해 갔다.

해저마을은 서쪽에 자리한 마을 숲과 팔오헌 김성구의 신도비를 기점으로 독립운동 기념비가 세워져 있는 마을 입구까지 동서로 길게 늘어선 형상을 하고 있으며, 마을을 가로지르는 제방을 중심으로 아랫마을과 윗마을로 구분된다. 해저마을 의성김씨 종가의 주요 건축물은 아랫마을에 주로 분포해 있으며, 만회고

팔오헌 김성구 신도비

독립운동 기념비

택 등의 일부 건물은 윗마을 쪽에 자리 잡고 있다.

해저마을의 건축물은 종택, 정자, 강학 공간, 그리고 독립운동 후손가 등으로 구분된다. 해저마을 의성김씨 종택으로는 팔오헌八吾軒 김성구金聲久(1641–1707)를 불천위로 모시는 팔오헌종택과 김성구의 고조부인 개암開巖 김우굉金宇宏(1524–1590)을 불천위로 모시는 개암종택이 있다. 김성구와 그의 후손들은 학문을 강학하는 공간 조성에도 노력을 기울여 왔는데, 대표적인 유적으로 학록서당鶴麓書堂과 단사정丹砂亭이 있다. 한편 해저마을은 봉화 독립운동의 구심점 역할을 했던 까닭에 만회고택晩悔古宅과 남호구택南湖舊宅 등 독립운동 후손가도 다수 전하고 있다. 이런 점에서 해저마을의 건축물은 조선 후기부터 근대까지의 건축 양식을 엿볼 수 있는 귀중한 자료라고 할 수 있다.

만회고택은 윗마을 우측 산자락에 위치하고 있다. 국가민속문화재 제169호로 지정되어 있으며, 만회晩悔 김건수金建銖(1790–1854)가 거주하던 집이다. 이 가옥은 3·1운동 직후 심산心山 김창숙金昌淑(1879–1962) 등이 파리 만국평화회의에 제출했던 독립청원서, 즉 파리장서를 작성했던 곳이며, 또 1925년에는 유림단 독립운동 자금을 모금하기 위해 회의를 열었던 장소이기도 하다. 남호구택은 아랫마을 팔오헌종택 뒤쪽에 자리하고 있다. 경상북도 문화재자료 제385호이며, 농산聾山 김난영金蘭永과 그의 장남인 남호南湖 김뇌식金賚植(1877–1935)이 거주하던 집이다. 김뇌식은 상해임시정부의 군자금을 모금할 때 3,000원이라는 거액을 제공했

1 만회고택 | 2 남호구택 | 3 영규헌 | 4 해와고택

으며, 이후 독립유공자로 추대되었다. 또 1910년 무렵에는 조부인 김철수를 기리기 위해 영규헌映奎軒을 세우고 2,100여 권의 장서를 보관해 두었다.

해와고택海窩古宅은 경상북도 문화재자료 제338호로 지정되어 있으며, 1837년에 김중수金中銖(1791-1868)가 조선시대 이조참의를 지냈던 조부 해와海窩 김희택金熙澤(1742-1818)의 유지遺志를 받들어 건립한 가옥이다.

### 1) 팔오헌종택

팔오헌종택八吾軒宗宅은 봉화군청 소재지인 봉화읍에서 영주 방면으로 약 2km 떨어진 곳에 자리하고 있다. 봉화읍에서 영주 방면으로 가다가 봉화군청과 봉화역을 차례로 지나면 고택이 동서로 줄지어 있는 마을이 나타나는데, 이곳이 바로 의성김씨 팔오헌종택이 있는 해저마을이다.

팔오헌종택은 팔오헌 김성구가 건립한 것으로 알려져 있다. 그는 1700년에 해저마을로 들어왔는데, 당시 명풍수 선 거사宣居士의 도움을 받아 터를 잡았다. 종택은 'ㅁ'형의 정침과 사당으로 구성되어 있다. 지금의 건물은 김성구가 입향 당시에 세운 것이 아니라 후손들이 새로 지은 가옥이며, 이후 1970년대에 전면 보수를 했다. 팔오헌종택은 조선 후기 반가 건축 양식을 엿볼 수 있는 주요 자료이며, 2003년에 경상북도 문화재자료 제445호로 지정되었다.

팔오헌종택의 정침은 'ㄱ'형의 안채와 'ㄴ'형의 사랑채가 안마당을 사이에 둔 채 서로 마주 보고 있어 전체적으로 'ㅁ'형을 이루고 있다. 정침의 전면에는 출입문으로 사용하는 앞대문과 그 양 옆으로 아랫방(현재는 부엌)과 사랑채가 자리 잡고 있으며, 대문을 지나 안으로 들어서면 'ㅁ'형의 안마당이 펼쳐진다. 안마당 한쪽에는 김치나 음식 등을 저장하기 위해 장독을 묻어 두었는데, 부엌에서 가까워 이용하기 편리할 뿐만 아니라 음지에 위치한 까닭에 서늘한 온도를 일정하게 유지할 수 있어 음식을 보관하는 데 최

팔오헌종택 전경

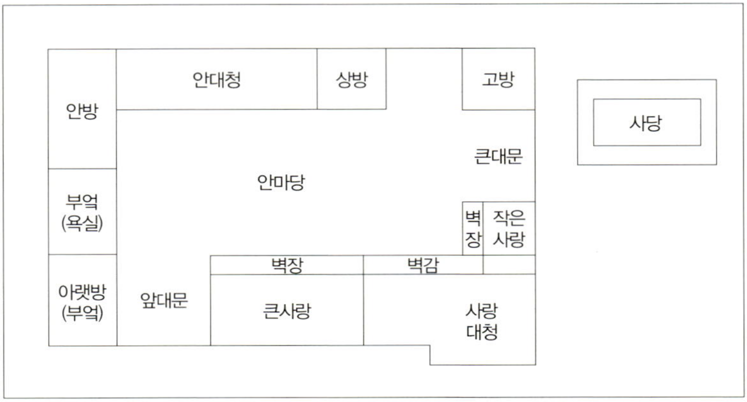


종택 구성도

적이다.

안채는 아랫방·부엌·안방·안대청·상방으로 구성되어 있다. 정면으로 안대청과 상방이 배치되어 있고, 안대청 좌측으로는 안방과 부엌, 아랫방이 이어져 있어 전체적으로 'ㄱ' 형태를 취하고 있다. 또 아랫방은 앞대문을 사이에 두고 사랑채로 이어지며, 안대청의 우측에 자리한 상방은 고방과 큰대문, 그리고 작은사랑과 연결되어 있어 전체적으로 볼 때 'ㅁ'형을 이룬다.

일반적으로 'ㅁ'형의 가옥은 사면이 막혀 있는 탓에 단열 효과는 뛰어나지만 공기 순환이 비효율적이라는 단점이 있다. 그래서 이를 보완하기 위해 여러 방향으로 대문을 설치하여 통기성을 높이는데, 팔오헌종택 역시 사랑채와 아랫방 사이에 앞대문을 설치했으며 동쪽에도 큰대문을 마련해 두었다. 일상에서는 주로 앞대문으로 드나들고, 큰대문은 아침저녁으로 환기를 시키거나 집안 행사가 있을 때 사용하며 평소에는 닫아 두는 편이다. 흥미로운 점은 일반적으로 안마당으로 통하는 측면의 대문을 '협문夾門'이라고 하는데, 팔오헌종택에서는 이를 '큰대문'이라고 한다는 사실이다. 그 이유는 팔오헌종택의 협문이 앞대문보다 규모가 크기 때문이라고 한다.

팔오헌종택의 안채는 정면 4칸, 측면 5칸 규모로, 안방·안대청·상방·부엌·아랫방으로 구성되어 있다. 2칸 규모의 안대청을 중심으로 좌측에는 안방을, 우측에는 상방을 배치하였다. 안방은 정면 1칸, 측면 2칸으로, 아래쪽으로 부엌과 아랫방이 연결되

팔오헌종택 안채

팔오헌종택
사랑채와 '큰대문'

어 있다. 그리고 부엌과 아랫방은 안방에 비해 하단부의 기단을 낮게 앉혔는데, 그 덕분에 안방에서 부엌 상단에 설치된 다락을 쉽게 드나들 수 있다. 안대청 우측의 상방은 정면 1칸, 측면 1칸 규모이며, 앞쪽으로 '물림마루'라 불리는 반 칸 정도의 툇마루를 설치해 두었다. 한편 지금은 부엌을 욕실로, 아랫방을 부엌으로 구조를 변경한 상태이다.

사랑채는 정면 4칸, 측면 2칸 반 규모이며 팔작기와를 얹었다. 또 정면과 측면에 반 칸 정도의 툇마루를 배치하였다. 정면 4칸 중 좌측 두 칸은 사랑방이고, 우측 두 칸은 사랑대청이다. 사랑채 좌측에는 앞대문과 안채의 아랫방이 연결되어 있으며, 우측 뒤편으로는 1칸 규모의 작은 사랑방을 두었다.

사랑채 입구에는 김성구의 호號인 '팔오헌八吾軒' 현판과 이에 대해 자신의 포부를 밝힌 「팔오헌명八吾軒銘」이 나란히 걸려 있다. 또 사랑대청에 설치된 반 칸 규모의 벽감에는 현 종손의 조부모와 부모의 신주가 안치되어 있는데, 이를 '사묘私廟'라고 한다. 원래는 고조부모까지 4대 조상의 신주를 모시고 있었으나 10여 년 전에 고조부모와 증조부모의 신주를 조매祧埋하고 지금은 양대兩代 봉사를 하고 있다. 사랑대청 뒤쪽으로는 정면 1칸, 측면 1칸 규모의 작은 사랑방이 배치되어 있어, 주로 책을 보관하거나 빈소殯所 등으로 활용한다.

정침의 동쪽에는 팔오헌 김성구와 배위 안동권씨의 신주를 모신 사당이 있는데, 이를 '큰사당'이라고 부른다. 사당 바깥쪽으

팔오헌종택 사랑채 현판

팔오헌종택 사당

로 담벼락이 세워져 있어 외삼문外三門을 통해서만 출입할 수 있다. 정면 3칸, 측면 1칸 규모의 사당 앞쪽에는 반 칸 규모의 툇간을 설치해 두었다. 사당 내부로 들어서면 제사상과 향탁이 놓여 있고, 교의 위에는 팔오헌 김성구 내외의 신주가 모셔져 있다.

한편 가구 등을 배치함으로써 방의 성격이나 쓰임새를 구분하는 서양의 가옥과 달리 한옥의 경우에는 방의 성격이 명확히 드러나지 않고 위치와 크기에 따라 사용자를 결정하는 편이다. 즉 방의 용도가 우선이 아니라 사용자 중심으로 공간을 구분하는 것이다. 팔오헌종택 역시 대부분의 방이 식사, 휴식과 취침, 손님 접대 등과 같이 복합적 기능을 수행하고 있다.

팔오헌종택에 거주 인원이 가장 많았던 시기는 현 종손 김흥원이 초등학교 6학년 때까지인데, 당시 일찍 세상을 뜨신 할머니 풍산김씨를 제외하고 증조할머니 선성김씨를 비롯하여 할아버지·아버지·어머니 진성이씨와 현 종손의 형제들, 그리고 미혼의 숙부들이 함께 살고 있었다. 안채의 안방에는 어머니 진성이씨와 현 종손의 동생들이 거처했고, 상방에는 아버지와 현 종손이 함께 지냈으며, 아랫방에는 증조할머니가 거처하셨다. 그리고 미혼의 숙부들은 사랑채의 작은사랑방에 기거했다. 사랑채의 큰사랑방은 할아버지가 사용하시다가 현 종손이 성장하면서 상방에서 함께 생활하던 아버지가 옮겨 갔고, 할아버지가 돌아가시고 나서는 현 종손에게로 대물림되었다. 이처럼 사랑방 물림은 방 주인의 사망과 함께 이루어지고 있음을 알 수 있는데, 이는 안방에 거처하던 시어머니가 며느리에게 살림권을 물려주면서 그와 함께 방을 비워 주는 '안방 물림'과는 상이한 방식이라 할 수 있다.

팔오헌종택의 식사 공간은 안방과 사랑방이었다. 할아버지와 아버지는 주로 사랑방에서 외상(독상)을 받았으며, 다른 식구들은 안방에서 함께 식사를 했다. 안채가 주로 여성들과 집안 식구들의 생활 공간으로 이용되었다면, 사랑채는 할아버지와 아버지 등 남성 어른들의 생활 공간이면서 외부 손님을 맞이하는 접빈 공간 및 의례 공간으로 활용되었다.

지금은 사랑채를 내가 책임진다고 할까. 아무튼 사랑방에서 내 자리를 제대로 찾은 거는 아배(아버지)가 돌아가시고 나서죠. 아배 계실 때는 동생들하고 수시로 사랑방에 들락날락했지만, 그때도 아배 자리는 정해져 있었어요. 여기 윗목과 아랫목이 있잖아요? 근데 아랫목 중에서도 가운데가 아니라 밀창문이 있는 바깥쪽이 사랑방 주인 자리예요. 여기서는 밖을 내다보기도 좋고 손님이 오면 인사하기도 좋고 해서요. 또 사랑방에 큰제사(불천위 제사)나 무슨 일이 있어서 여럿이 모이면 종손이라고 해서 아랫목 가운데에 앉지를 않아요. 주인은 아랫목 창 쪽으로 앉고, 아랫목 안쪽하고 중앙에는 연세 높은 어른들이 앉고, 젊은 사람들은 윗목에 앉지요.

사랑채는 남성들의 생활 공간인 만큼 손님 접대가 빈번하게 이루어지는 곳이기도 했다. 그래서 현 종손은 사랑방에서 거처하던 할아버지와 아버지의 모습을 지켜보면서 종손으로서의 처신 방법이나 접빈 방식 등을 익혀 나갔다.

## 2) 단사정

단사정丹砂亭은 단사丹砂 김경온金景溫(1692-1734)을 기리기 위해 건립한 정자로, 봉화군 봉화읍 해저리에 있다. 팔오헌八吾軒 김성구金聲久(1641-1707)의 신도비가 세워져 있는 마을 숲 건너편 길을 따라 뒤쪽으로 올라가면 산기슭 아래에 자리한다.

정자의 주인 김경온은 김성구의 손자이다. 김성구의 장남 김여건金汝鍵(1660-1697)은 광주이씨와 혼인하여 슬하에 5형제를 두었는데, 김경온은 5남이다. 그는 1726년에 진사시에 장원으로 합격했으나 관직에 나아가지 않고 은거하였다.

'단사丹砂'는 안동시 도산면에 위치한 단사마을 일대의 지명에서 유래한다. 단사마을은 지금의 안동시 도산면 원촌에서 작은 고개를 하나 넘으면 있는데, 마을 뒤편으로 붉은 점토질의 산맥이 뻗어 있고 강가의 모래와 자갈도 연분홍빛을 띠고 있다고 해서 '붉을 단丹'과 '모래 사砂'를 취해서 붙여진 이름이다. 또 마을 앞을 흐르는 강을 따라 단사벽 절벽이 길게 늘어서 있는데, 퇴계 이황은 이곳을 도산구곡 가운데 하나로 꼽으면서 「단사벽丹砂壁」과 「단사곡丹砂谷」이라는 시를 남기기도 했다. 퇴계가 지은 「단사곡」을 살펴보면 단사의 경치를 짐작할 수 있다.

푸른 석벽은 구름 피워 올리려 하고　　靑壁欲生雲
푸른 시냇물은 그림처럼 흘러가네　　錄水如入畫
사람들 모여 사는 주진마을에　　人居朱陳村
꽃이 만발하니 무릉도원 따로 없네　　花發桃源界

단사정 전경

단사정 건물

| | |
|---|---|
| 누가 알겠는가 만 섬 붉은 모래알에 | 安知萬斛砂 |
| 하늘이 그 속에 숨긴 비밀 있을 줄을 | 中藏天秘戒 |
| 아! 나는 참된 비결을 알지 못하니 | 嗟我味眞訣 |
| 쓸쓸한 마음에 한숨만 터져 나오네 | 望聊與喟 |

위 내용에서 알 수 있듯이 단사는 골짜기가 깊었던 관계로 은거 생활을 하기에 최적의 장소였다. 김경온은 진성이씨 이수겸李守謙(1674-1739)의 딸과 혼인하여 안동부 예안면 선성현으로 이거했는데, 후릉참봉을 지냈던 청벽靑壁 이수연李守淵(1693-1748)과 교유하면서 단사를 자주 드나들었다. 그러다가 초가집을 짓고 '단사도인丹砂道人'이라 자호自號했으며, 그곳에서 이수연과 경서를 강론하고 풍광을 즐기며 생활했다. 또 어느 날 암행어사 박문수가 김경온이 머무는 단사협을 다녀간 뒤 조정에 소疏를 올려, "은거단사협隱居丹砂峽하야 독파만권서讀破萬券書라"(단사협에 숨어 살면서 책 만 권을 읽었더라)고 했다. 이를 계기로 김경온은 건원릉 참봉의 벼슬을 제수받았지만 역시 나아가지 않았다.

1734년 김경온이 42세의 나이로 눈을 감은 뒤, 당시의 초가는 퇴락하여 집터만 남아 있어 후손들이 복원을 추진했으나 실행에 옮기지는 못했다. 그러다가 1938년 여름 무렵에 해저마을 서쪽에 있던 정자 건물을 구입하여 현재 위치로 이건한 뒤 단사정 편액을 걸었다. 원래 이 정자는 김경온의 종질인 소암素巖 김진동金鎭東(1727-1800)이 사용했던 것인데, 주인이 세 차례 바뀌고 나서 마침내 김경온의 정자 편액을 걸게 된 것이다. 단사정은 정면 3칸, 측면 2칸 규모의 팔작기와를 얹었다. 건물 중앙의 온돌방을 중심으로 좌우 측면에 한 칸 반의 툇간을 배치했으며 그 주위로 헌함軒檻(대청 기둥 바깥쪽에 둘러쳐진 난간이 있는 마루)을 설치해 두었다.

### 3) 학록서당과 추원사

팔오헌 김성구는 1694년에 막내아들 김여병金汝鈵(1673-1694)의 사망과 갑술환국 등으로 벼슬에서 물러난 뒤 고향인 봉화로 돌아와 범들이에서 지내다가 눈을 감기 7년 전인 1700년에 해저마을로 옮겨 갔다. 그는 해저마을에 자리를 잡은 뒤 종택과 '큰샘' 등을 조성하는 한편 후학 양성에도 힘을 쏟았다. 또한 「팔오헌명八吾軒銘」을 지어 자호自號로 삼았는데, 특히 근면·자조·협동의 자립 정신에 기반한 교육에 큰 관심을 갖고 있었다. 그럼에도 재정적인 이유로 서당 건립을 추진하지 못했고, 그가 숨을 거둔 뒤 손자들과 후손들에 의해 본격적으로 건립이 진행되기 시작하였다. 당시 김성구의 손자 학음鶴陰 김경필金景泌(1701-1748)이 팔오헌종택 근처의 학정봉 아래에 서당을 세웠는데, 세월이 지나 퇴락을 거듭하자 서파西坡 김경철金景澈(1698-1764)이 이건을 계획했으나 뜻을 이루지 못했다. 그러다가 1767년에 김성구의 증손자 일지와一枝窩 김택동金宅東(1708-1778)이 지금의 자리로 옮겨 세웠으며, 이후 1970년과 1992년에 두 차례의 중수를 통해 현재에 이르렀다.

학록서당 전경

현재 학록서당은 해저리 윗마을의 오른쪽 뒤편 산자락에 자리하고 있다. 건물 주변으로 나지막한 담장이 둘러져 있으며, 정면 3칸, 측면 2칸 규모로 팔작기와를 얹었다. 정면 3칸 중 좌측에는 온돌방 한 칸을 배치했고, 우측에는 두 칸 규모의 마루를 마련했다. 그리고 온돌방과 마루 앞으로 반 칸 규모의 툇간을 두르고 평난간을 설치해 두었다. 마루 상단부에는 학록서당이라고 적힌 현판이 걸려 있는데, 원교丹崎 이광사李匡師(1705-1777)가 글씨를 썼다. 서당 오른편에는 주봉柱峯 김득가金得可(1547-1591), 천유당天有堂 김율金瑮(1568-1651), 학정鶴汀 김추길金秋吉(1603-1686)의 위패가 모셔진 추원사追遠祠가 자리하고 있다.

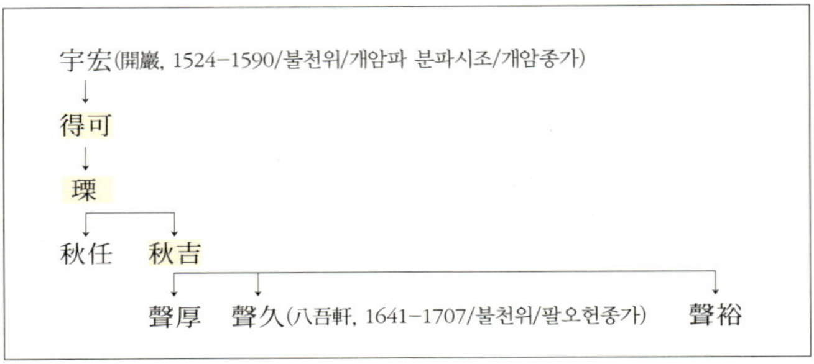


추원사 배향 인물

한편 해저마을 분파시조인 개암 김우굉은 개암종가에서 불천위로 모셔지고 있으며, 김우굉의 현손玄孫 팔오헌 김성구 역시 팔오헌종가에서 불천위로 모셔지고 있다. 반면에 김우굉의 아들 김득가(김성구의 증조부), 손자 김율(김성구의 조부), 증손자 김추길(김성구의 부친)은 불천위가 아닌 관계로 제사가 단절된 상태이다. 이런 이유로 추원사를 조성하여 이들의 위패를 모시게 된 것이다.

추원사 주위에는 토석 담장을 설치한 후, 3칸 규모의 감덕문感德門을 세워 두었다. 추원사는 정면 3칸, 측면 1칸 반 규모이며, 건물 전면으로 반 칸 정도의 툇간을 두었다. 추원사 현판은 현 종손 김흥원의 조부인 김중엽의 글씨이다.

사당 내부에는 제사상과 교의, 향탁 등이 마련되어 있으며, 교의 위에는 신주를 모셔 둔 신주함이 안치되어 있다. 향사享祀는 3월 중정中丁과 9월 중정中丁에 올려 왔으나, 지금은 양력 4월 셋째 일요일로 변경했다.

추원사 전경

### 4) 송록서원

송록서원은 봉화군 봉화읍 해저리 솔안마을에 자리하고 있다. 봉화군청에서 해저마을 방면으로 가다 보면 산자락 아래에 송록서원과 파리장서비巴里長書碑가 나타난다. 송록서원은 1868년 서원훼철령에 의해 백록리사栢麓里社와 반천서원槃泉書院, 송천서원松川書院이 폐쇄되고 난 뒤 2007년에 이들 세 곳을 통합하여 백록리사 자리에 새로이 건립되었다. 이후 2014년에 문중과 지역 유림 등이 중심이 되어 파리장서운동과 독립유공자의 애국 정신을 기리기 위해 파리장서비를 세웠다.

백록리사는 1774년에 팔오헌八吾軒 김성구金聲久(1641-1707)를 비롯하여 용재慵齋 이종준李宗準(?-1499)과 그의 아우 눌재訥齋 이홍준李弘準(?-?), 그리고 문봉文峯 정유일鄭惟一(1533-1576), 매헌梅軒 홍준형洪俊亨(1606-1666), 하당荷塘 권두인權斗寅(1643-1719), 창설재蒼雪齋 권두경權斗經(1654-1726), 눌은訥隱 이광정李光庭(1674-1756) 등의 8현賢을 기리기 위해 지역유림 단체에서 건립한 사당이다. 이후 1868년의 서원훼철령에 의해 철폐되었다. 백록리사는 원래 지금의 봉화군청 자리에 있었으나, 1913년에 군청사를 이전함에 따라 해저리 솔안마을로 옮기게 되었다.

반천서원은 봉화군 봉성면 봉성리에 자리하고 있었다. 1669년에 조선 중기의 문신으로 승지承旨를 지낸 구전苟全 김중청金中清(1566-1629)의 덕을 기리기 위해 반천정사槃泉精舍를 건립했으며, 이후 1677년에 그의 위패를 모시고 봄가을로 향사를 지내 오다가 1831년에 반천서원으로 승격되었다. 1868년에 서원훼철령으로 철폐되었다.

송천서원은 봉화군 봉화읍 해저2리 송내마을에 자리하고 있었으며, 1823년에 진일재眞一齋 류숭조柳崇祖(1452-1512)의 향사를 모시기 위해 지역유림 단체에서 건립했다. 사액서원賜額書院이 되었다가 1868년에 서원훼철령으로 철폐되었다.

지금의 송록서원은 강당, 묘우廟宇, 동재東齋와 서재西齋 등으로 구성되어 있다. 강당은 정면 4칸, 측면 2칸의 팔작지붕을 얹었으며, 중앙에 정면 2칸, 측면 2칸의 마루를 배치했다. 대청마루의 좌우로는 정면 1칸, 측면 2칸 규모의 온돌방을 각각 두었다.

송록서원 전경

송록서원
강당(묘계당)과 동서재

강당 전면에는 송록서원 현판이 걸려 있고 내부에는 묘계당妙契堂이라고 적힌 현판이 있다.

송록서원의 묘우인 존덕사尊德祠는 정면 3칸, 측면 2칸 규모로, 백록리사에 모셔져 있던 8명, 반천서원의 1명, 송천서원의 1명을 합하여 10현의 위패를 모시고 있다. 진일재 류숭조의 위패가 중앙에 자리하고 있으며, 동쪽 5위와 서쪽 4위가 나란히 배열되어 있다. 이는 생몰 연대 순서이다.

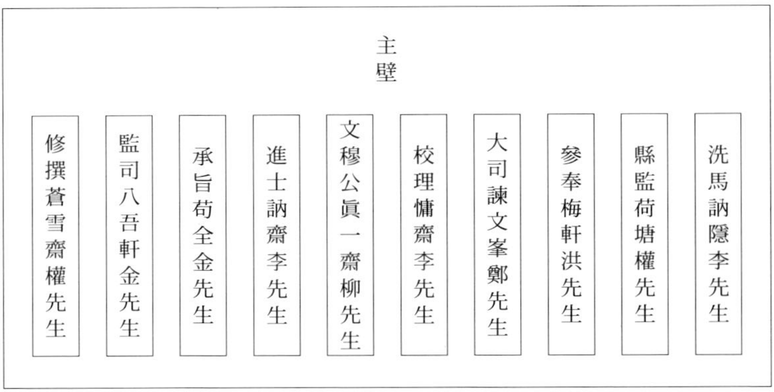


송록서원에 배향된 위패 배치도

강당 앞쪽에는 동재 '박인재博仁齋'와 서재 '신민재愼民齋'가 자리하고 있다. 강당과 묘우, 그리고 동서재를 외삼문인 숭원문崇源門이 둘러싸고 있으며, 서원 건물의 우측에는 주사廚舍를 두었다. 음력 3월 초정初丁에 향사를 지내고 있다.

# 제4장

# 종가의 제례 문화

팔오헌종가에서는 팔오헌八吾軒 김성구金聲久의 불천위 제례를 비롯하여 현 종손의 조부모와 부친의 기제사, 설과 추석의 차사茶祀, 10월 묘사墓祀 등과 같이 1년에 10여 회에 이르는 제례를 지내고 있다. 그런데 팔오헌종가도 여느 종가와 마찬가지로 제례 문화의 간소화를 두고 이런저런 고민을 하고 있는 중이다. 그리하여 약 15년 전에 고조부모까지 4대 조상을 모시던 것을 조부모와 부친까지의 양대兩代 봉사로 축소했으며, 제사 시각도 초저녁으로 변경했다. 또 불천위 조상에게만 설과 추석 차사를 모두 지내고, 조부모와 부친에게는 설 차사만 지내고 추석 차사는 묘사 시기와 근접한 관계로 생략했다.

한편 팔오헌종가에서는 "장차 우리 집에서는 제사를 지낼 때 '조동율서棗東栗西'의 방식으로 과일을 진설하라."는 팔오헌 김성구의 유지遺志를 받들어 대추를 제사상의 동쪽에 차리고 밤을 서쪽에 진설한다. 그리고 그 사이에 배와 감을 비롯해 여타 과실을 차린다. 그런데 팔오헌 김성구의 고조부인 개암 김우굉을 불천위로 모시고 있는 개암종가에서는 서쪽에서부터 대추·밤·배·감의 순서로 차리는 '조율이시棗栗梨枾'의 진설 방식을 따르고 있다. 이로 볼 때 종가의 제례 문화는 '주자가례－문중－집안－가통家統'의 범주로 형성되고 있음을 알 수 있다.

종가의
제례 문화

# 1 불천위 제례

팔오헌종가에서는 팔오헌八吾軒 김성구金聲久(1641-1707)와 그의 부인 안동권씨의 불천위 제사를 모시고 있다. 김성구의 기일은 음력 2월 8일이며, 안동권씨의 기일은 음력 2월 그믐날(달의 마지막 날)이다. 2019년 4월 4일에는 안동권씨의 불천위 제사가 거행되었다.

조상 제사에서 신주를 모셔 오는 방식에는 단설單設과 합설合設이 있다. 단설은 기일을 맞이한 조상의 신주만을 모셔 와서 제사를 지내는 형태이다. 합설은 고위考位의 제사에 비위妣位의 신주를 함께 출주出主하고, 또 비위의 제사에도 고위를 함께 모시는 방식이다. 팔오헌종가에서는 고위와 비위를 함께 모셔 오는 합설 방식을 따르고 있다. 한편 여느 종가와 마찬가지로 팔오헌종가에서도 자정에 제사를 지내는 오래된 전통을 지켜 왔다. 하지만 제관의 감소 등으로 인해 현실적으로 자정에 지내는 것이 여의치 않게 되자, 20여 년 전에 문중 회의를 거쳐 제사 시각을 파제일罷祭日 저녁 8시경으로 변경하였다.

팔오헌종가에서는 불천위인 김성구 내외를 비롯하여 현 종손의 조부모와 부친의 제사를 모시고 있다. 원래는 4대 조상의 제사를 지내 오다가, 약 15년 전에 고조부모와 증조부모의 신주를 조매하고 양대兩代 봉사를 하고 있다. 그래서 불천위 신주는 종택의 우측에 자리한 사당에 모시고, 조부모와 부친의 신주는 사랑채 대청에 설치된 벽감에 안치하고 있다. 이처럼 신주를 모시는 공간이 두 곳으로 분리되어 있다 보니 불천위 조상에게 드리는 불천위 제사 및 설과 추석 차사는 사당에서 지내고, 조부모와 부친의 기제사는 사랑채 벽감 앞에서 봉행한다.

### 1) 제사 준비

제사 준비는 제물 장만을 비롯하여 사당 주변을 청소하고 제관들의 몸과 마음을 정갈하게 하는 재계齋戒까지의 과정을 포함한다. 종손 김흥원은 제사 봉행 이틀 전에 봉화의 내성장場에서 제수를 구입한다. 이때 흠집이 있는 것은 피하고, 크고 싱싱한 것을 고르며, 가격을 흥정하지 않는다는 원칙을 지킨다. 제수 구입이 남성들의 역할이라면, 제물 장만은 여성들의 몫이다. 올해 안

대추/밤/배/감/땅콩//잣/호두/사과/약과/유과//과자/딸기/포도/오렌지/참외

동권씨의 제물은 종부 초계정씨와 타지에 거주하고 있는 동서同壻 3명이 함께 장만했다. 예전에는 마을의 집안 여성들이 일손을 거들었지만, 그들 대부분이 고령자가 된 탓에 지금은 종가의 직계 가족 여성을 중심으로 행하는 편이다.

과일은 대추·밤·배·감을 기본으로 준비하고, 땅콩·잣·호두·포도·참외·사과를 비롯해 유과油果와 같은 조과造菓 등이 추가된다. 한편 예전에는 밤이나 땅콩을 쌓을 때 층층마다 밀가루 풀을 바른 한지를 끼워서 고정시켰는데, 약 5년 전부터 투명한 플라스틱 틀 속에 밤과 땅콩을 넣는 방식으로 바뀌었다.

팔오헌종가에서는 채소를 두 그릇 올린다. 하나는 시금치를 데쳐서 소금과 참기름으로 무친 숙채熟菜이고, 또 하나는 시금치·미나리·콩나물·가지나물·고사리·박나물·도라지·무나물·냉이 등을 한 그릇에 담은 소채素菜이다. 채소의 진설은 청동소서靑東素西의 원칙에 입각하여 푸른색 나물인 숙채는 제사상의 동쪽에 진설하고 흰색 나물의 소채는 서쪽에 차린다. 탕湯은 제사의 격을 드러내는 주요 제물 중 하나이다. 팔오헌종가에서는 탕기의 하단부에 삶은 무를 깐 다음 그 위에 소고기와 돼지고기를 각각 올려 육탕 두 그릇을 만들고, 명태를 얹은 어탕, 계란을 얹은 계탕, 그리고 시금치를 얹은 소탕蔬湯을 장만한다. 이로써 5탕이 완성되는 것이다.

도적은 제사상의 중심을 이루는 제물로, 떡과 함께 제사의 위상을 나타내는 지표가 된다. 팔오헌종가에서는 고위와 비위에게 각각 한 틀씩 별도로 올리고 있다. 주요 제물인 만큼 각각 장만함으로써 조상에 대한 향념向念을 전하기 위함이라고 한다. 한편 "대향大饗에는 날고기[腥]를 올리고, 3헌의 제사에는 데친 고기[爓]를 올리고, 단헌의 제사에는 익힌 고기[熟]를 올린다."라는 『예기』의 내용에 근거하여 불천위 제사에는 익히지 않은 날고기를 사용한다. 팔오헌종가에서도 전통적으로 생육生肉 도적을 올려 왔는데, 명태·고등어·문어·돼지고기·소고기·닭의 순서로 구성되어 있다. 이는 우모린羽毛鱗이라고 하여 '하늘-땅-바다'로 구성된 우주의 질서를 상징한다.

떡[鯿]은 두 개의 층으로 구성되어 있는 것이 일반적 경향인데, 본편本鯿이라고 해서 편대鯿臺 위에 시루떡을 괴고, 그 위로 '웃기[雜果鯿]'를 얹는 방식이다. 그런데 팔오헌종가에서는 두 종류의

도적/떡/탕/소채//숙채/편적/편청/갱(국)

시루떡을 사용한다. 즉 하단부의 세 켜는 콩가루 시루떡이고, 그 위의 여섯 켜는 거피팥을 묻힌 시루떡이다. 그리고 시루떡 위에 청절편, 경단, 부편, 대추꾸리, 전, 조약, 깨꾸리 등의 웃기를 올린다. 이로써 팔오헌종가의 떡은 세 개의 층으로 구성되는 셈이다. 떡이 완성되면 한지로 싸 두는데, 이는 습기가 빠져나가 건조해지는 것을 방지하기 위함이다.

팔오헌종가에서는 콩나물과 무를 넣어 끓인 콩나물갱을 사용한다. 전국적으로 볼 때 소고기와 무를 넣어 끓인 소고기갱이 일반적이지만, 안동과 봉화 등 경북 북부 지역에서는 콩나물갱을 주로 사용한다. 그리고 메와 면(국수)을 준비하고 조기로 좌반佐飯을 마련한다. 식해食醢는 평평한 제기 위에 밥을 담고 그 위에 시금치를 고명으로 올린 제물이다. 또 쌈의 역할을 하는 김을 마련하고, 대구포를 장만한다. 이렇게 해서 물김치인 침채沈菜까지 모두 35개 이상의 제물이 완성된다.

메/면/좌반/식해//쌈/침채/포

제물을 나르는 제관

제물 장만이 마무리되면 제관들이 사당으로 제물을 옮기기 시작하는데, 곧바로 제사상에 올리지 않고 사당 문 앞에 두었다가 설소과設蔬果와 진찬進饌의 절차에서 진설한다.

안채에서 제물을 장만하는 동안 사랑채에서는 남성 제관들이

서로의 근황을 주고받으면서 문중의 일을 논의하거나 한다. 그러다가 제사 시간이 가까워지면 집사자 분정을 시작하는데, 팔오헌종가에서는 분정기分定記를 작성하지 않고 구두로 협의하여 선정한다. 예전에는 분정기를 작성하여 분정판에 붙이는 절차를 수행했지만, 제관 숫자가 점점 줄어들면서 약식으로 변경되었다. 헌관의 경우 종손이 초헌관을 담당하고, 연령이 높은 문중 어른이 아헌관을 맡는 편이다. 이번 제사에서는 해저마을 남호구택의 주손 김호철이 아헌관을 맡았다. 종헌관은 개암종가의 종손이 항상 담당하는데, 이와 마찬가지로 개암開巖 김우굉金宇宏(1524–1590)의 불천위 제사에서는 팔오헌종가의 종손이 종헌관 역할을 수행한다.

### 2) 참신과 강신

제사 시간이 되면 제관들이 사당 뜰에 모인다. 초헌관, 아헌관, 종헌관, 축관, 집사자 등이 가장 앞에 서고 그 뒤로 제관들이 자리한다. 홀기를 읽는 집례執禮는 사당의 동쪽 계단 위에서 서향으로 선다.

집례의 창홀 순서에 따라 제례가 진행되는데, 먼저 집사자 두 명이 사당 안으로 들어가서 신주독을 열어 신주를 제사상 위로 모신다. 팔오헌종가의 불천위 제사는 사당에서 거행되는 까닭에 출주례出主禮를 생략하고 계독啓櫝만 행해진다.

계독을 하고 나서는 사당 안으로 미리 옮겨 놓은 제물 가운

1 제관들의 모습 ㅣ 2 계독 ㅣ 3 설소과 진설

팔오헌종가 불천위 제례의 설소과 진설도

데 포, 밤, 배, 감, 유과, 대추, 좌반, 소채, 숙채, 침채, 쌈, 식해, 장 등을 차리는데, 1차 진설 곧 설소과設蔬果의 절차이다.

설소과를 마치면 제관 전원이 재배再拜를 하는 참신례參神禮를 거행한다.

1

2

1 참신례–참신 재배 | 2 강신례–분향

팔오헌종가 불천위 제례의 제물 진설 완성도

참신례가 끝나면 초헌관인 종손이 사당 안으로 들어가서 향상香床 앞에 꿇어앉아 향을 피우고, 우측 집사자가 술을 잔에 부어 건네주면 모사기에 세 번 나눠서 잔을 비우는 뇌주酹酒를 행하는데, 조상의 영혼을 모시는 강신降神의 절차이다. 강신례를 마친 초헌관은 재배를 한 뒤 사당 밖으로 나와서 원래의 자리로 돌아간다. 그런 다음 2차 진설, 즉 진찬進饌이 행해진다.

제사상은 총 5개의 열로 구성된다. 신주 바로 앞의 1열에는 메와 갱, 술잔, 편이 올라가며, 2열에는 편청, 면麵, 도적, 편적片炙(배추전)이 차려진다. 팔오헌종가의 경우 불천위 제사 때는 도적과

진찬을 마친 제사상

편을 고위와 비위 각각 마련한다. 도적과 편이 주요 제물인 만큼 정성을 다한다는 의미이다. 3열에는 좌반과 5탕을 차리는데, 좌반은 가장 서쪽에 올리며 생물의 조기 온마리를 사용한다. 이를 메좌반이라고도 한다. 밥을 먹는 데 도움이 되는 반찬이라는 뜻이다. 탕은 어동육서魚東肉西의 진설 방식에 근거하여 시금치를 얹은 소탕素湯을 제사상의 서쪽에 올리며, 다음으로 소고기를 얹은 육탕, 돼지고기를 얹은 육탕, 계란을 얹은 계탕을 진설하고, 가장 동쪽에는 대구를 얹은 어탕을 차린다. 4열의 제물은 소채素菜와 장醬, 침채沈菜, 숙채熟菜, 쌈, 식해다. 숙채는 데친 시금치를 소금과 참기름으로 무친 것이고, 소채는 시금치·미나리·콩나물·가지나물·고사리·박나물·도라지·무나물·냉이 등을 한 그릇에 담은 것이다. 팔오헌종가에서는 청동소서靑東素西의 원칙에 따라 푸른색 나물인 숙채는 동쪽에, 흰색 나물인 소채는 서쪽에 진설한다. 5열에는 과일을 진설하는데, 밤·배·감·유과·대추를 순서대로 올리고, 포도·사과·딸기 등은 제사상이 협소하여 별도의 상에 차린다. 한편 밤을 서쪽에 두고 대추를 동쪽에 진설하는 조동율서棗東栗西의 진설 방식은 팔오헌 김성구가 자손들에게 당부한 것이라고 한다.

### 3) 헌작

제물 진설이 끝나면 조상에게 술을 올리는 헌작의 절차가 거행된다. 가장 먼저 초헌관인 종손이 사당 안으로 들어와 향안香案 앞에 꿇어앉아 분향을 한 뒤 우측 집사자가 술을 잔에 따르고 나서 초헌관에게 건네주고 이를 다시 좌측 집사자가 받아서 제사상에 올린다. 헌작의 절차를 마치면 집사자들이 제기의 뚜껑을 열고 떡과 도적을 덮어 둔 한지 등을 벗기는데, 계반개啓飯蓋의 절차이다. 이어 축관이 사당 안으로 들어와서 초헌관의 좌측에 꿇어앉아 축문을 읽는 독축讀祝의 절차를 수행한다. 이는 제사를 지내는 경위 등을 조상에게 고하는 것이다.

維歲次己亥二月癸卯朔晦日辛未
孝玄孫 興源 敢昭告于

顯先祖考 通政大夫 守江原道觀察使 兼
兵馬水軍節度使 巡察使府君
顯先祖妣 貞夫人 永嘉權氏 歲序遷易
顯先祖妣 諱日復臨 追遠感時 不勝永慕
謹以 清酌庶羞 恭伸奠獻 尚
饗

유세차 기해년 이월 계묘 삭 그믐날 신미에
효현손 흥원이 삼가 고합니다.

현선조고 통정대부 강원도관찰사 겸
병마수군절도사 순찰사 부군과
현선조비 정부인 영가권씨께 계절이 바뀌어
현선조비의 기일이 다시 돌아왔음을 아룁니다. 시간이 지날수록 길이
사모하는 마음을 이길 수가 없습니다.
삼가 맑은술과 여러 음식으로 공경히 제사를 올리니
부디 흠향하시길 바랍니다.

축문은 조상이 돌아가신 날을 맞이하여 사모하는 마음을 이기지 못해 맑은술과 여러 음식으로 제사를 올린다는 내용이다. 축문 낭독이 끝나면 부복俯伏의 자세로 엎드려 있던 모든 제관들이 일어나고 초헌관은 재배를 하고 자리로 돌아간다.

1 초헌례 | 2 독축 중인 축관 | 3 독축-부복 중인 제관

다음으로 아헌례를 수행한다. 아헌관인 남호구택의 주손 김호철이 향안 앞에 꿇어앉아 분향을 하면 우측 집사자가 초헌관이 올린 술잔을 내려 퇴주기에 비운 뒤 술을 부어 아헌관에게 준다. 그리고 이를 다시 좌측 집사자에게 건네주면 고위와 비위의 순서대로 제사상에 올린다. 이어 아헌관은 재배를 하고 자리로 돌아온다. 종헌례는 개암종가의 종손이 수행하는데, 아헌례와 동일한 절차로 진행하되, 제작除酌이라고 해서 잔에 담긴 술을 퇴주기에 세 번 나눠 붓는 점이 다르다. 이는 유식侑食의 절차에서 행하는 첨작添酌을 위해 술잔에 일정 공간을 남겨 두기 위함이다.

1 아헌례 | 2 종헌례

제작을 마친 술잔을 좌측 집사자가 건네받아 제사상에 올리면 종헌관은 재배를 하고 자리로 돌아온다.

#### 4) 유식례

헌작을 마치면 초헌관이 다시 사당 안으로 들어와 향안 앞에서 재배를 한다. 우측 집사자가 밥그릇 뚜껑을 초헌관에게 건네주면서 술을 따르고, 이를 좌측 집사자에게 주면 고위와 비위 앞에 놓인 술잔에 조금씩 나눠 붓는다. 이를 첨작添酌이라고 한다.

유식례-첨작

유식례-삽시

그런 다음 밥에 숟가락을 꽂고 젓가락을 정돈하는 삽시정저揷匙正箸를 행하고, 조상이 음식을 드시도록 초헌관과 집사들이 사당 밖으로 나가서 문을 닫는다. 합문闔門의 절차이다. 그러고는 모든 제관들이 머리를 숙이고 바닥에 엎드리는 부복俯伏의 자세로 기다리는데, 대략 일식구경一食九頃 곧 숟가락을 아홉 번 뜨는 시간이다. 잠시 후 축관이 헛기침을 세 번 하면 제관들이 자리에서 일어나 사당의 문을 연다. 계문啓門의 절차이다.

집사자들이 사당 안으로 들어가서 갱기羹器(국그릇)의 국을 비우고 맑은 물을 채워 넣는데, 이는 헌다獻茶의 절차이다. 이어 밥그릇에 꽂아 두었던 숟가락으로 밥을 세 번 떠서 물에 마는 점

유식례-합문-부복 중인 제관

1 사신례-국궁
2 사신례-분축
3 사신례-고이성
4 사신례-사신 재배

사신 재배를 하는 집례

다點茶를 수행한다. 이를 두고 항간에는 식사를 마친 조상에게 숭늉을 대접하는 행위라고도 하는데, 이것 역시 밥을 더 드시기를 권하는 절차이다.

점다의 절차를 행하고 나서 모든 제관들은 상체를 구부리는 국궁鞠躬의 자세로 잠시 기다리다가 축관이 헛기침을 세 번 하면 몸을 바르게 편다. 이어 축관이 초헌관에게 와서 제사를 무사히 마쳤음을 알리는 고이성告利成을 행하면, 집사자들이 수저를 거두고 제기의 뚜껑을 덮고 모든 제관들이 재배를 하는 사신辭神의 절차를 수행한다. 조상에게 마지막 인사를 하는 셈이다. 그리고 축관이 축을 들고 사당 옆에 묻어 둔 항아리에 넣으면, 사당 안에서 기다리고 있던 집사들이 신주의 독을 덮는다. 마지막으로 축관과 집례, 집사자가 사당 밖으로 나와서 재배를 하면 모든 절차가 마무리된다.

### 5) 음복

제례가 끝나면 제물을 안채의 부엌으로 옮기고 여성들은 음복에 차려 낼 음식을 마련한다. 조상에게 올린 음식을 먹고 마시는 것을 음복이라고 하는데, 조상이 내려 주는 복福을 나눠 가진다는 의미가 담긴 중요한 의례적 행위이다. 그래서 『주자가례』에는 음복[餕]을 제례의 마지막 절차로 설정해 두었다.

팔오헌종가에서는 4개의 공간에서 각각 음복이 이루어졌다.

사랑채의 사랑방에는 종손을 중심으로 헌관, 축관, 집례, 집사자들을 비롯하여 연령이 높은 문중 어른들이 자리했으며, 청장년층의 남성 제관들은 사랑대청에서 음복을 했다. 그리고 사랑채의 작은사랑방에는 연구자 일행이 자리했고, 여성들은 안방과 부엌 등에서 음복을 했다.

음복상에는 비빔밥을 중심으로 제사상에 올렸던 제주祭酒, 과일, 떡을 비롯하여 문어, 소고기 육회, 돼지고기 수육, 탕 등이 차려졌다. 팔오헌종가에서는 생육生肉의 도적을 사용하는데, 그중에서 삶은 상태로 올렸던 돼지고기와 문어를 음복에 활용했다. 그런가 하면 생물을 사용하는 탓에 음복상에 소고기를 내놓지 못하는 여타 종가와 달리 팔오헌종가에서는 육회의 형태로 소고기를 음복상에 차려 내는 점이 특이하다. 이는 조상에게 올린 복된 음식을 다 함께 나눠 먹기 위한 종가의 세심한 배려라고 할 수 있다.

한편 종손이 어렸을 때는 제사를 지낸 이튿날 마을 전체를 돌아다니면서 음복을 돌렸는데, 이때 가장 중요한 것은 제사상에 올린 모든 제물을 골고루 배분하는 일이었다. 그야말로 형평 원칙에 기초한 나눔 정신의 실천이라고 할 수 있다. 하지만 종가의 일손이 점점 줄어들기 시작하면서 연로한 어른들을 중심으로 돌리다가, 최근에는 그것마저 여의치 않아 마을 경로당에 떡이나 과일 등을 가져다 드리는 형태로 바뀌었다.

음복 음식을
준비하는 여성들

사랑방에서
음복을 하는 제관들

# 2 추석 차사

팔오헌종가의 사당에는 팔오헌八吾軒 김성구金聲久(1641–1707)와 그의 배위 안동권씨의 신주가 모셔져 있으며, 현 종손의 조부모와 부친의 신주는 사랑대청의 벽감에 안치되어 있다. 팔오헌종가에서는 설과 추석 차사는 김성구 내외에게만 올리고, 조부모와 부친에게는 설 차사만 드리고 추석 차사는 10월의 묘사 기간과 근접해 있는 관계로 생략한다.

해저마을에는 파조派祖인 개암開巖 김우굉金宇宏(1524–1590)을 모시는 개암종가가 자리하고 있다. 그래서 설과 추석 당일이 되면 팔오헌종가에서 차사를 미리 지내고 종손을 비롯한 제관들이 개암종가로 이동해서 차사를 올린다. 또 팔오헌종가의 경우,

포/밤/배/감/유과/대추//포도/멜론/사과/귤/호두/땅콩//잣/침채/탕/편/편청/도적

지금은 양대 봉사를 하고 있지만, 고조부모까지 4대 조상을 모셨을 때는 이른 아침 당내친堂內親들이 모여서 차사를 올리고 11시 무렵에 사당에서 불천위 김성구에 대한 차사를 거행했다. 그런 다음 12시경이 되면 개암종가로 이동하였다.

2018년의 추석 차사는 양력 9월 24일 오전 11시 무렵에 거행되었다. 제물은 포·밤·배·감·유과·대추·포도·멜론·사과·귤 등의 과일을 비롯해, 삶은 무 위에 소고기와 돼지고기를 각각 얹은 육탕 2개, 명태를 얹은 어탕, 계란을 얹은 계탕, 시금치를 얹은 소탕蔬湯, 물김치인 침채沈菜, 증편 위에 송편을 쌓아 올린 떡, 그리고 편청 등을 준비했다. 또 하단에서부터 명태·고등어·문어·소고기·닭고기 순서로 괴어 올린 도적도 차려졌다. 한편 차사에는 기제사와 달리 메와 갱, 면麵, 좌반, 나물, 쌈(김), 식해食醢 등의 제물을 생략하는데, 이들 모두 식사를 위한 음식이라는 점이 주목된다. 즉 설 차사와 추석 차사 등은 제사가 아니라 절기節氣에 거행하는 일종의 의식儀式인 까닭에 시절 음식을 중심으로 제물을 구성한 것이다.

추석 차사에서 가장 중요한 제물은 떡과 과일이다. 왜냐하면 추석 차사는 한 해의 농사를 마무리하면서, 햇곡식과 햇과일을 수확하여 조상에게 올리는 의미에서 행해지기 때문이다. 다만 봉화를 비롯한 경북 북부 지역은 추석 무렵에 햇곡식이 아직 수확되지 않는 까닭에 음력 9월 9일의 중구重九 차사를 주로 지내 왔다. 팔오헌종가 역시 예전에는 음력 9월 9일 중구 때 차사를 올렸지만, 1990년대 중반부터 추석 차사로 변경했다.

추석 전날 집안의 젊은 남성들은 사당 청소 등을 하면서 차사를 지내기 위한 본격적인 준비에 들어간다. 그리고 추석 당일 오전 10시 무렵 제물을 사당으로 옮기고 진설을 시작하는데, 떡과 도적 등을 먼저 올린 다음 편청·탕·침채·포·과일 순서로 차린다. 탕을 올릴 때는 소고기와 돼지고기를 얹은 육탕 2개를 제사상의 서쪽에 두고 그 옆에 계란을 얹은 계탕을 차린다. 그리고 동쪽에는 명태를 얹은 어탕과 시금치를 얹은 소탕素湯을 진설한다. 어동육서魚東肉西의 진설 방식이다. 또 과일을 진설할 때는 밤·배·감·유과·대추 순서로 올린 후 포도·멜론·사과·귤 등은 제사상이 협소하여 별도의 상에 차린다. 김성구의 유지에 따라 밤을 가장 서쪽에 두고 대추를 동쪽에 두는 진설 방식을 조

팔오헌종가 추석 차사의 진설도

동율서棗東栗西라고 하는데, 팔오헌 김성구가 자손들에게 이 진설 방식을 따르도록 당부한 것으로 전한다.

제물 진설을 마치면 제관들은 사당 경내에 일렬로 서고 초헌관인 종손과 집사자가 사당 안으로 들어간다. 그런 뒤 집사자가 교의 위에 모셔진 신주의 독을 벗기면 초헌관이 향안香案 앞에 꿇어앉아 분향을 한 뒤 술잔에 술을 받아 모사기에 잔을 비우는 뇌주酹酒를 행하고 모든 제관들이 절을 두 번 하는 참신參神을 행한다. 그런가 하면 추석과 설 차사는 기제사에 비해 약식으로 진행된다. 즉, 기제사에서는 축관이 독축讀祝을 하고 술을 세 번에 걸쳐 올리는 삼헌三獻의 절차를 수행하지만 차사에서는 축을 읽지 않고 술을 한 번만 올리는 무축단헌無祝單獻으로 진행한다.

1 제물이 진설된 모습 | 2 제관들이 사당 밖에서 부복하는 모습 | 3 음복 상차림
4 제관들이 음복하는 모습

따라서 초헌관이 술을 올리는 초헌례를 행하면 집사자들은 탕기의 뚜껑을 열어 두고 수저를 가지런히 정돈한다. 비록 메(밥)는 진설하지 않았지만, 기제사의 삽시정저揷匙正筯에 해당하는 절차이다. 그러고는 초헌관이 재배를 하고 집사자들과 함께 사당 밖으로 나와서 문을 닫고 모든 제관들이 부복俯伏의 자세로 기다리는데, 합문闔門을 하면서 기다리는 응감應感의 절차이다. 잠시 후 축관이 헛기침을 세 번 하면 모든 제관들이 자리에서 일어나 재배再拜를 한다.

마지막은 철상의 절차이다. 집사자들이 사당 안으로 들어가서 퇴주 그릇에 술잔을 비우고 신주에 독을 덮어씌운다. 그런 다음 떡과 도적을 거둬들이고 제사상에서 제물을 순서대로 내린다. 철상이 끝나면 사랑채에서 음복을 행한다. 사랑채는 큰방, 사랑대청, 작은방으로 구성되어 있는데, 큰방에서는 초헌관인 종손, 집례, 집사자를 비롯해 연장자들이 음복을 하고, 청장년층들은 사랑대청과 작은방에 모인다. 추석 음복에서는 밥과 국은 생략하고 차사 때 사용했던 탕과 과일, 떡, 문어 등을 차린다. 또 별도로 부침개를 장만하여 음복상에 올리기도 한다.

음복이 끝나면 종손을 비롯하여 모든 제관들이 개암종가로 이동하여 추석 차사를 지낸다. 개암종가는 개암開巖 김우굉金宇宏(1524~1590)을 불천위로 모시고 있는데, 그는 팔오헌 김성구의 고조부이자 개암공파의 시조이다.

# 3 묘사

묘사墓祀는 묘소에서 지내는 제사로, 여러 지역에 분산해 있는 묘소를 다니다 보니 수일이 소요되는 문중의 큰 행사이다. 팔오헌종가에서는 음력 10월 2일을 전후로 영주 평은, 봉화 재산, 안동 온혜 등지에서 약 3일에 걸쳐 묘사를 진행한다.

김성구 내외의 묘소는 영주시 평은면 평은리에 자리하고 있다. 산자락 아래에 자리한 영모재永慕齋에서 제물을 장만하는데, 비가 내리거나 날씨가 고르지 않을 때는 이곳에서 묘사를 지내기도 한다. 영모재는 1908년에 건립했으나 화재로 소실된 뒤 1980년 무렵에 다시 지었다. 영모재의 현판은 김성구의 후손인 김하림金夏林(1846-1909)의 글씨이다.

영모재와 팔오헌 김성구의 묘소가 자리한 산

영모재 전경

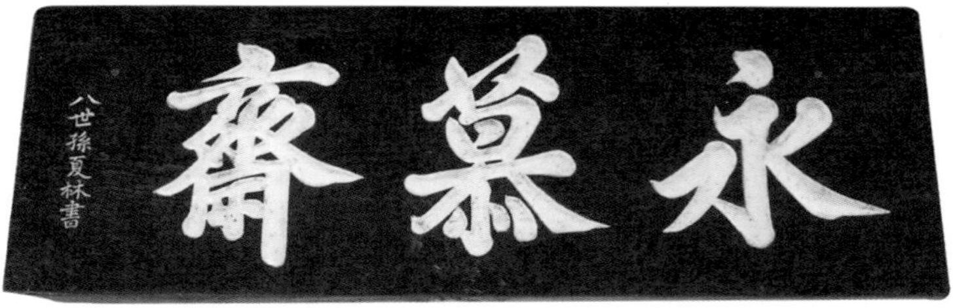


영모재 현판

해저마을 의성김씨의 70~80%가량은 팔오헌 김성구의 후손인데, 이들은 개암 문중에 속해 있기도 하다. 이런 이유로 팔오헌 김성구뿐만 아니라 개암파의 시조이면서 김성구의 고조부인 개암開巖 김우굉金宇宏, 증조부인 주봉柱峯 김득가金得可, 조부인 천유당天有堂 김율金瑮, 부친인 김추길金秋吉 등 김성구의 윗대 조상들의 묘사도 함께 지낸다. 그래서 이들의 묘소가 있는 상주·영주·안동 등을 다니면서 묘사를 거행한다. 약 7~8년 전까지만 하더라도 5일에 걸쳐 묘사를 진행했는데, 교통수단이 발달하면서 3일로 단축되었다. 첫날 오전에 상주로 가서 김우굉과 김득가의 묘사를 지내고, 점심 식사를 한 뒤 영주 평은으로 이동하여 김성구 내외의 묘사를 거행한다. 그리고 이튿날 봉화 재산으로 가서 김율과 김추길의 묘사를 거행하고, 마지막 날에는 안동 온혜에 있는 단사丹砂 김경온金景溫과 김여탁金汝鐸 등의 묘소에서 묘사를 지낸다.

묘사에 소요되는 비용은 소所(위토)를 통해 충당하며, 각 소별로 정해져 있는 유사 2명이 제수 구입 등의 업무를 담당한다. 유사들은 묘사 전날에 제수를 구입하고 재실(영모재)과 묘소 주변을 청소하는 등 본격적인 준비에 들어간다. 제물은 위토를 경작하면서 재실 관리의 책임을 맡고 있는 관리인과 유사들이 함께 장만한다.

제물은 메와 갱을 기본으로 차리고, 그 옆으로 시루떡 위에 찹쌀 경단을 얹은 떡 2틀과 편청을 곁들인다. 2열에는 돼지고기·소고기·명태 등을 함께 넣어 끓인 5탕, 하단에서부터 명태·고등어·방어·돼지고기·소고기·닭의 순서로 쌓아 올린 도적 2개를 각각 장만한다. 3열에는 콩나물·배추·도라지를 함께 담은 소채素菜, 고사리와 시금치를 담은 숙채熟菜, 그리고 쌈의 역할을 하는 천엽, 좌반(조기), 밥 위에 시금치를 올린 식해食醢를 차린다. 가장 앞줄인 4열에는 밤·배·감·유과·호두·땅콩·사과·대추 등과 포脯가 진설된다.

포/탕/편적/침채/도적//메/나물(고사리, 시금치)/나물(콩나물, 배추, 도라지)/식해/천엽

팔오헌 김성구 묘사의 1차 진설도

상주에서 묘사를 끝낸 제관들이 영주 평은에 위치한 김성구의 묘소에 도착하면 유사들은 제물을 묘소로 옮기기 시작한다. 그런 다음 제관들이 묘소 앞에서 재배再拜를 하는 참신례參神禮를 행한 뒤 과일과 포, 좌반, 나물 등의 제물을 올리는데, 설소과設蔬果의 절차이다. 과일의 경우 밤·배·감·유과·호두·땅콩·사과·대추의 순서로 진설한다. 이를 조동율서棗東栗西라고 하며, 팔오헌종가의 모든 제례에 통용되고 있다.

설소과가 마무리되면 초헌관인 종손이 묘소 앞에 꿇어앉아 향을 피우는 강신례降神禮를 행한다. 그러고 나서 집사들이 2차로 제물을 올리는데, 진찬進饌의 절차이다. 이때는 메와 갱, 탕과 도적, 떡과 편청 등 나머지 제물들이 모두 차려진다.

제물 진설이 마무리되면 헌작이 이루어진다. 초헌관은 종손이 맡고, 아헌관과 종헌관은 논의를 거쳐 선정한다. 2018년에 거행된 묘사의 아헌관은 김성구의 차남인 김여용金汝鎔(1662–1735)의

1차 진설이 완료된 모습

팔오헌 김성구 묘사의 진설도

1 제물 진설이 완료된 모습 | 2 초헌관의 분향 모습 | 3 독축

주손 김형기가, 종헌관은 남호구택의 주손 김호철이 맡았다. 묘사의 절차는 기제사와 거의 동일하다. 초헌관이 제물이 차려진 단壇 앞에 꿇어앉아 술잔을 들면 우측의 집사자가 술을 따른 후 제단 위에 올린다. 초헌례를 마치면 독축讀祝이 이어진다.

維歲次戊戌十月甲辰朔初二日乙巳
孝十二代孫興源 敢昭告于

顯十二代祖考通政大夫守江原道觀察使兼
兵馬水軍節度使 巡察使府君

顯十二代祖妣貞夫人永嘉權氏之墓 氣序流易
霜露旣降瞻掃封塋 不勝感慕
謹以 清酌庶羞 祗薦歲事 尚
饗

유세차 무술년 시월 갑진 삭 초이일 을사에
12대손 흥원이 삼가 고합니다.

현십이대조고 통정대부 수 강원도관찰사 겸
병마수군절도사 순찰사 부군과

현십이대조비 정부인 영가권씨의 묘에 절기가 바뀌어
찬 서리가 이미 내리매 산소를 깨끗이 단장하고 묘역을 쓸고 봉분을 우
러러보니 길이 사모하는 마음을 이길 수가 없습니다.
삼가 맑은술과 여러 음식으로 공경히 제사를 올리니
부디 흠향하시길 바랍니다.

독축의 절차가 끝나면 초헌관이 재배를 하고 원래의 자리로 돌아간다. 다음으로 아헌례와 종헌례를 수행하고 초헌관이 유식례侑食禮를 거행한다. 이때 초헌관이 밥뚜껑을 들고 있으면 집사자가 술을 따르고, 이를 종헌관이 올린 술잔에 첨작한다.

1 첨작 | 2 제관들이 부복하고 있음 | 3 집사자들이 점다를 행함

그러고는 숟가락을 밥에 꽂고 젓가락을 정돈하는 삽시정저揷匙正箸를 행한 다음 모든 제관들은 부복俯伏의 자세로 기다리다가 축관이 기침을 세 번 하면 자리에서 일어난다.

이어 집사자는 갱그릇을 비우고 맑은 물을 채워 넣는데, 헌다獻茶의 절차이다. 그런 다음 밥그릇에 꽂아 두었던 숟가락으로

묘소를 향해 국궁 배례를 올리는 모습

밥을 떠서 물에 세 번 마는 점다點茶를 행한 뒤 국궁鞠躬의 자세로 잠시 기다린다. 이때도 축관이 헛기침을 세 번 하면 몸을 바르게 펴고, 집사자는 수저를 거두고 메와 탕 등의 뚜껑을 덮는다. 마지막으로 모든 제관들이 묘소를 향해 절을 두 번 하고 축관이 분축焚祝을 함으로써 모든 절차가 마무리된다. 제관들은 재실로 돌아가서 음복을 한다.

# 제5장
# 종가의 어제와 오늘

종가의
어제와 오늘

# 1 종손 교육, 종가를 지속시키는 힘

팔오헌 김성구가 해저마을에 자리를 잡은 뒤 300여 년이 흐르는 동안 해저김문에서는 이름난 학자와 독립유공자 등이 많이 배출되었다. 의성김씨 집성촌인 해저마을은 영남의 대표적인 반촌으로서 그 위상을 다져 왔다. 이처럼 해저마을이 유교적 삶을 실천하면서 지금까지 지속될 수 있었던 것은 전통문화를 소중히 간직해 온 팔오헌종가가 구심점 역할을 무난히 수행했기 때문이다. 현재 팔오헌종가에는 김성구의 12대 종손인 김흥원金興源(1949– )과 종부 초계정씨(1954– ), 그리고 노종부 진성이씨(1930– )가 거주하면서 팔오헌 김성구의 자취를 찾는 후손들과 방문객을 맞이하고 있다.

종손 김흥원

김흥원은 1949년에 아버지 김호충金鎬忠(1927-2011)과 어머니 진성이씨 사이에서 5남 2녀 중 장남으로 태어났다. 그는 조부와 부친의 뒤를 이어 종손이 될 맏손자였기에 집안 어른들의 많은 관심과 기대를 받으면서 성장했다. 조부 김중엽金重曄(1908-1973)과 부친은 김흥원에게 종손으로서 갖춰야 할 기본자세에 대해 수시로 일러 주었지만, 대체로 어른들의 행동을 곁에서 지켜보면서 간접적으로 체득하는 경우가 많았다. 김흥원은 증조모를 비롯해 집안 어른들이 층층이 계신 대가족 속에서 성장했고, 또 해저마을은 종가를 구심점으로 의성김씨 문중이 자리한 집성촌인 까닭에 일상에서 다양한 친족 관계를 접하면서 자연스럽게 유교적 행동 양식을 익혀 나갔다.

김흥원에게 가장 많은 기대를 했던 사람은 조부이다. 그는 평생을 병치레에 시달렸지만 한학과 서예에 조예가 깊어 인근 지역에서 명망이 높았으며, 가족은 물론 마을 사람들의 정신적 지주 역할을 했던 인물이다. 평소 조부는 김흥원에게 입향조 김성구를 비롯하여 선대 조상들의 본받을 점에 대해 들려주면서 "훌륭한 조상을 모시는 자손은 행동을 함부로 해서는 안 된다."라고 항상 강조했다. 또 조상이 남긴 글을 이해하고 보존하기 위해 한학漢學을 익힐 것을 당부하기도 했다.

집에 큰아배(조부)가 원체 선비시니까 책을 굉장히 소중하게 생각했어요. 그래서 장마가 왔다가 그치고 나면 삼촌들하고 내 동생들이 학교 갔다 오면 책을 전부 꺼내 놓고 햇별에 말리는데, 마루나 마당이나 사당 뜰에 멍석을 펴고는 책을 널어서 서로 구획을 정해 놓고 20분에 한 번씩 책장을 열몇 장씩 넘겨서 말리곤 했지요. 그만큼 책을 소중하게 보전했어요.

조부는 '조상에 대한 공부'야말로 종손이 갖춰야 할 기본 소양이기 때문에 보학譜學을 익힐 것을 특별히 강조했다. 아울러 "항상 신중하게 행동하고 진중하고 무겁게 처신해야 한다."고도 덧붙였다. 특히 조부는 속는 듯 사는 삶의 자세를 중시했다.

평소 강조하신 게 "속는 듯하게 살아라."는 것이었어요. 나는 그때 어린 마음에 '왜 속으라고 하는가.' 하고 생각했지요. '속지 말라고 해야 할 텐데….' 하고 말이지요. 또 조부께서는 지손들하고 다툼이나 이해관계가 있을 때는 그저 속아 주고 져 주라고 했어요. 특히 토지 경계 문제로 다투지 말 것을 당부했지요.

이처럼 김흥원은 어린 시절에는 '속는 듯 살아야 한다.'는 것이 도무지 이해되지 않았지만, 문중과 지손을 이끌어 가는 종손이 되고 나서는 이 말에 절실히 공감하게 되었다고 한다. 특히 '스스로 손해 본다'는 생각으로 자손들을 대하는 것이야말로 종손으로서의 기본자세라고 덧붙였다.

부친 김호충 역시 김흥원에게 많은 영향을 끼쳤다. 어린 시절 아버지와 함께 안채의 상방에서 생활했는데, 그는 부친을 '이해심 많고 무엇이든 깊게 생각하고 온화한 성품을 가지신 분'으로 기억하고 있다. 또 부친은 한학과 서예에 조예가 깊어 지역유림 단체에 출입하면서 헌관 등 중요한 직책을 도맡기도 했다. 부친은 평소 "역지사지易地思之할 줄 알아야 한다."라는 말을 자주 하셨다. 조부의 '속는 듯 살아야 한다.'는 말과 선친의 '역지사지할 줄 알아야 한다.'는 말은 타인에 대한 배려를 강조한다는 점에서 일맥상통한다고 볼 수 있다.

어머니 진성이씨는 안동 두루마을 주촌종가의 맏종녀로 태어나 팔오헌종가의 11대 종부가 되었다. 혼인 후 조부모와 시부모를 비롯해 종가의 많은 식구들을 챙기며 평생을 희생하는 삶을 살아오면서도 불평하는 기색을 전혀 보이지 않을 정도로 온화한

분이다. 평소 말씀이 많지 않은 편이지만, 자녀들의 상스러운 말투와 거친 행동에 대해서는 엄격히 다스렸다. 또 스스로 행동과 언사를 조심함으로써 솔선수범하는 모습을 보이고자 했다.

김흥원은 어린 시절부터 조부와 부친, 어머니의 모습을 곁에서 지켜보면서 자연스럽게 종손으로서 갖춰야 할 자세와 정신을 익혀 왔다. 그는 군 제대 후 객지에서 직장 생활을 했는데, 고향으로 돌아오라는 부친의 권유에 따라 봉화군청으로 직장을 옮겼다. 종손이 객지에서 생활하면 1년에 13회 이상의 제사를 모시고 수시로 찾아오는 방문객을 맞이하는 봉제사접빈객奉祭祀接賓客의 역할을 수행하기 힘들다고 판단했기 때문이다. 사실 김흥원은 어린 시절부터 집안 어른들을 보면서 종손의 역할 등을 간접적으로 익혀 왔지만, 종손으로서의 막중한 책임감을 체감하게 된 일화가 있다.

내가 군청에 들어가자마자 봉화 거촌마을을 담당하게 됐어요. 그래서 거촌 쌍벽당종가에 인사차 갔는데, 종손께서 사랑마루에 앉아 계시더라고. 내가 마루에 올라가서 "이 동네 분담 맡은 김서기시더." 하면서 절을 드리니 "그래 집이 어디인고?"라고 해서 바래미에서 왔다고 말씀드렸지요. 그러니 "아 바래미? 누구 집이로?" 해서 "팔오헌종가입니다."라고 하니, 이 어른이 깜짝 놀라면서 "아이고 그래? 우리 동네를 맡았다고? 아이고! 반갑다. 팔오헌종가 몇째인고?"라고 물어서 "맏이입니다." 했더니, 그때부터 태도가 달라졌어요. 나이도 한참 어린 나한테 말씀도 조심스럽게 하시더라고요. 여든 살 넘은 어른이 그렇게 공손하게 대해 주시니 몸 둘 바를 모르겠더라고요.

이처럼 여든의 백발노인이 30대 초·중반의 사람을 예우해 준 이유는 그가 장차 팔오헌종가를 이어나갈 차종손이었기 때문이다. 김흥원은 이를 계기로 종손의 자리가 얼마나 막중한 것인지를 깨달았다고 한다.

그런 뒤 50대 후반부터는 문중 사람들과 향내 유림 행사 등에 출입하면서 견문見聞을 넓혀 오다가 부친이 세상을 뜨고 나서 본격적인 종손 역할을 하게 되었다. 김흥원은 종가 문화에서 가장 핵심적인 요소로 제사 문화와 접빈 문화를 꼽는다. 흔히 '봉제사접빈객'이라고도 하는데, 팔오헌종가에서는 팔오헌 김성구의 불천위 제례를 비롯하여 선대 조상의 기제사, 그리고 설날과 추석 차사, 묘사 등을 받들어 모시고 있다. 팔오헌종가의 접빈 문화는 제례에 비해 일상적인 것으로, 종손과 종부에게 체화되어 아랫대로 전승된다. 실제로 종손은 조사자가 인터뷰를 위해 종택을 방문할 때마다 의복을 갖춰 입고 맞이해 주었으며, 또 인터뷰 시간이 예정보다 길어지더라도 불편한 기색 없이 성의를 다하는 모습에서 종손으로서의 위엄이 자연스럽게 풍겨 나왔다.

그렇다면 평생을 종가와 문중을 위해 매진해 온 김흥원이 가장 보람을 느끼는 순간은 언제일까? 종손에게 주어지는 책무가 무겁기도 하지만, 조상의 뜻을 받들어 문중이 더욱 돈독하고 화목한 모습을 보일 때 가장 큰 보람을 느낀다고 한다. 이런 까닭에 그는 종손의 역할을 더욱 잘 수행하기 위해 이런저런 고민을 하고 있다.

팔오헌 할뱀이 원체 우뚝하신 분이기 때문에 그런 훌륭한 조상을 모시는 자손으로서 행동을 반듯하게 하고, 종가를 잘 지키면서 지손들과 잘 어우러져 팔오헌 할뱀이 더욱 빛나도록 해야 하겠지요. 그래서 팔오헌종가가 널리 알려지고, 그러면서 종가 문화도 더 발전시킬 수 있는 그런 역할을 해야겠지요.

이를 위해 김흥원은 70대 초반의 나이에도 불구하고 한학漢學에 관심을 갖고 배움의 기회에 적극 동참하고 있으며, 경북 지역 내 종손 모임인 영종회嶺宗會를 통해 여러 지역의 종손들과 교류하면서 이런저런 정보도 공유하고 있다. 아울러 서원이나 향교 등의 행사에 출입하며 유교 문화를 익히는 데도 노력을 기울이고 있다.

## 2 종손이 꿈꾸는 종가의 미래

조부와 부친의 뒤를 이어 12대 종손이 된 김흥원은 팔오헌 김성구를 불천위로 모시는 종가의 종손이라는 자부심과 함께 적지 않은 부담감도 갖고 있다. 즉 종손의 역할을 맡고 나서 문중의 대소사를 살피고 유림 단체 출입 등으로 바쁜 일상을 보내는 한편, 조부와 부친이 그랬던 것처럼 아들에게 종손의 지위를 물려주기 위한 고민을 하고 있는 것이다.

옛날 내려오던 좋은 풍습이 자꾸 사라져 가는데 내가 종손으로서 이런 걸 사라지지 않도록 해야겠다는 생각을 하고 있어요. 그래서 문회門會를 할 때 이런 얘기를 했지요. 옛날 같으면 혼인을 지내고 시집온 신부가 큰사당

(종가 사당)에 다녔거든요. 그러니까 시집와서 집집이 인사하러 다니는데, 제일 첫 번째가 종가에 와서 사당에 인사를 드려요. 사당 뜰로 들어가서 사당 문은 열지 않고 초석을 깔아 놓고 절을 네 번 해요. 그렇게 절을 하면서 마음가짐이 달라지곤 하는데, 그런 문화가 사라지면 안 되겠다고 생각했지요. 그래서 내가 문회에서 사당에 다니는 문화가 없어지지 않고 앞으로도 계승되었으면 좋겠다는 말을 했어요.

이처럼 김흥원은 귀감이 되는 조상들의 삶을 비롯해 정신문화적 측면에서 이어 온 종가 문화의 전통을 보존하는 한편, 차세대를 위해 실정에 맞지 않는 제도는 적극 개선할 필요가 있다고 생각한다.

제례 문화는 조금 약식으로 줄일 필요가 있습니다. 그래서 시간도 변경하고 대수代數도 줄이고 했지만, 좀 더 개선하고 싶다는 생각을 갖고 있어요. 우리는 할뱀 제사 때 할맴도 모셔 오고, 할맴 제사 때 할뱀도 함께 모시면서 합설合設로 지내는데, 다른 데 이야기 들어 보니까 할뱀과 할맴 제사를 한 번에 같이 지낸다고 그러더군요. 요즘 젊은 사람들은 제사에 대해 회의적이잖아요. 내가 앞으로 며느리를 보면 '며느리 사랑은 시아버지'라고 하는데, 시아버지로서 며느리 어깨의 짐을 가볍게 해 주고 싶어요.

조상 제사를 둘러싼 고민은 팔오헌종가뿐만 아니라 대부분의 종가에서도 동일하게 경험하고 있다. 사실 팔오헌종가에서는 약 10~15년 전에 한차례 변화를 시도한 바 있다. 즉 기존의 자정 제사를 초저녁 제사로 변경했고, 4대 봉사를 조부모와 아버지까지 양대 봉사로 축소한 것이다. 또 지금은 고위와 배위 제사를 각각의 기일에 모시고 있지만, 향후에는 고위의 기일에 배위 제사를 함께 지내는 합사合祀를 고려하고 있기도 하다.

팔오헌종가에서는 추석에 불천위인 김성구에게만 차례를 올린다. 시기적으로 볼 때 추석 차사는 묘사墓祀와 근접해 있는 까닭에 제례의 간소화 측면에서 조부모와 부친에 대한 차사는 생략했지만, 불천위의 경우에는 4대 조상의 후손 집단인 당내堂內를 넘어 문중의 모든 후손들과 혈연관계에 놓여 있기에 제례 방식을 쉽게 변경할 수 없기 때문이다. 종가의 추석 차사는 타지에 나가 있던 지손들과 정보를 교류하는 장이 되기도 한다. 즉 후손들은 조상의 행적에 대한 다양한 정보를 주고받으면서 무한한 자긍심을 가지고 혈연 공동체로서의 결속력을 다져 나가는 것이다.

제례 문화는 앞으로 간소화로 가야 될 것 같아요. 하지만 본本정신은 이어 가야 하고요. 본정신이라는 것은 … 명절이 되면 후손들이 모이잖아요. 그래서 조상이 남긴 유훈, 조상에 대한 향념, 조상이 끼친 긍정적인 부분을 같이 공유하면서 결속력을 다지고. 요즘은 너무 물질 위주로 모든 게 흘러가다 보니 형제간에 다툼이나 그런 게 많죠. 그런데 한 조상을 모시면서 제사를 함께 지내고 하면 아무리 불편한 속내가 있더라도 극단으로 가지는 않죠. 또 후손들이 설과 추석에 모여서 조상에게 절을 같이 하고, 음복을 같이 하고, 조상 이야기를 같이 하면서 유대를 다지고 하는 것들이 반복되면서 머리에 각인되니까 … 그러면서 아랫대에도 자연스럽게 이어지죠.

이처럼 평소 김흥원은 제례 방식은 간소화하는 방향으로 변화를 모색하되, 조상에 대한 향념이나 유훈遺訓과 같은 본질적인 부분은 계승해야 한다는 생각을 갖고 있다. 이런 배경에서 불천위 제사나 명절 등에 후손들이 모이면 이런저런 정보와 의견을 주고받으면서 전통의 변화에 대해 고민을 나누기도 한다.

제가 공직 생활 하면서 이런저런 유혹을 물리칠 수 있었던 힘은 우리 팔오헌 할뱀에 있었지요. 팔오헌 할뱀은 청백리셨어요. 그런 이야기를 어릴 때부터 수없이 들어 왔기 때문에 공직 생활을 하면서도 흔들리지 않았지요.

이처럼 팔오헌종가에서는 가족과 친족을 넘어 지역사회에서 사표師表가 되는 삶을 살다 간 팔오헌 김성구를 불천위로 모시고 있으면서 그의 청렴한 삶과 행동 등을 삶의 지표로 삼고 있다. 아울러 김성구의 불천위 제례 등을 통해 그러한 정신을 공유함으로써 문중 집단의 결속력을 강화하기도 한다.

차종손 김태주金台柱(1980- )는 봉화군청에 근무하면서 종가의 대소사를 돕고 있다. 다만 김흥원은 본인이 유년 시절부터 종손의 무게를 의식하며 성장했던지라, 아들에게는 자신이 겪어 왔던 무거운 짐을 천천히 물려주고 싶다는 생각을 갖고 있다. 그러면서 "내가 아직은 70대 초반으로, 종가의 대소사를 돌볼 여력이 충분하기 때문에 아들은 자유로운 생활을 좀 더 누렸으면 좋겠다."라고 덧붙인다.

그러는 한편, 김흥원은 아들이 조상의 이름을 욕되게 하지 않고, 보학譜學과 한학漢學 등을 익혀 남에게 뒤지지 않는 종손으로 거듭나기를 바라고 있다. 특히 지손들을 큰 가슴으로 보듬어 줄 수 있는 종손이 되어 종가와 문중의 버팀목이 되기를 원한다는 당부도 덧붙였다.

> 내가 더 나이 들기 전에 아들이 장가를 가서 우리 가풍家風이나 격식도 가르쳐야 하는데 … 아무튼 하루빨리 혼인해서 전통을 잘 이어받아 차질 없이 종손 노릇을 해 주기를 바라고 있지요. 며느리는 심성이 좋고, 건강하다면 그걸로 충분해요. 그리고 장차 종부가 될 사람이니까 마음 씀씀이가 넉넉하고, 생각하는 게 깊이가 있으면 더 좋겠지요.

이처럼 김흥원이 장차 종손과 종부가 될 아들과 며느리에게 당부하고 싶다는 조상에 대한 향념, 유교 문화의 습득, 지손과의 화합이야말로 종가의 발전적 미래를 보장해 주는 주된 요소가 아닐까 싶다.

## 참고문헌


『永嘉誌』

『義城金氏開巖公派譜』

『奉花郡史』, 경상북도, 2002.

강구율, 「八吾軒 金聲久의 生涯와 詩世界 考察」, 『八吾軒 金聲久선생의 學問과 思想(제1회 봉화역사인물학술발표회)』, 봉화문화원, 2017.

김성구 지음, 김정기 옮김, 『(영남선현문집국역총서23) 팔오헌선생문집1』, 한국국학진흥원, 2016.

김성구 지음, 김정기 옮김, 『(영남선현문집국역총서24) 팔오헌선생문집2』, 한국국학진흥원, 2016.

김수진, 「전통마을 공동체 공간의 문화경관 해석」, 고려대학교 박사학위논문, 2010.

김용승, 「봉화군 해저마을의 공간구성에 관한 조사연구」, 『대한건축학회 학술발표대회 논문집』 16-2, 대한건축학회, 1996.

김충래, 『환경친화적 도시 마을계획 방법에 관한 연구』, 남서울대학교 석사학위논문, 2003.

김충래·이광영, 「환경친화적 도시 마을계획 세부지표 개발에 관한 연구: 봉화 해저마을과 아산 외암마을 분석을 중심으로」, 『대한건축학회 학술발표대회 논문집』 23-2, 대한건축학회, 2003.

김태환, 『봉화의 전통마을』, 봉화문화원, 2006.

김희곤, 『봉화의 독립운동사』, 봉화군, 2007.

대구향토문화연구소, 『경상북도 마을숲 조사보고서』, 경상북도, 2008.

봉화군, 『봉화 문화유적 요람』, 경상북도, 1992.

서수용, 「팔오헌 김성구의 절의정신에 대하여」, 『八吾軒 金聲久선생의 學問과 思想(제1회 봉화역사인물학술발표회)』, 봉화문화원, 2017.

신두환, 「八吾軒 金聲久의 상소문과 경세사상」, 『八吾軒 金聲久선생의 學問과 思想(제1회 봉화역사인물학술발표회)』, 봉화문화원, 2017.

신진동, 「조선시대 전통마을의 입지와 공간특성에 관한 연구」, 경원대학교 박사학위논문, 2008.

안동대학교 안동문화연구소, 『경북독립운동사 Ⅵ』, 경상북도, 2014.

의성김씨 개암공파 해저문중, 『해저』, 의성김씨 개암공파 해저문중, 2005.

임노직, 「해저 의성김씨의 독서경향과 자제교육」, 『八吾軒 金聲久선생의 學問과 思想(제1회 봉화역사인물학술발표회)』, 봉화문화원, 2017.

정병호, 『마음이 머무는 자리, 성주 동강 김우옹 종가』, 예문서원, 2013.

청량산박물관, 『봉화의 누정기』, 청량산박물관, 2015.

청량산박물관, 『비석에 새겨진 봉화인의 삶』, 청량산박물관, 2018.

최미정, 「봉화 해저마을 의성김씨 문중의 유림단 의거 참여」, 『한국독립운동사연구』 49, 독립기념관 한국독립운동사연구소, 2014.

황용운·이경희, 「전통마을 공간구조에 관한 연구」, 『대한건축학회 학술발표대회 논문집』 22-2, 대한건축학회, 2002.

지은이

**김미영** 金美榮

안동에서 태어나, 안동대학교 민속학과를 졸업하고 인하대학교 대학원 국어국문학과에서 문학석사 학위를 취득하고 일본 도요대학교 사회학연구과에서 사회학박사 학위를 받았다. 현재 한국국학진흥원 수석연구위원으로 재직 중이다. 저서로는 『유교공동체와 의례문화』, 『유교의례의 전통과 상징』, 『도학의 길을 걷다, 안동 유일재 김언기 종가』, 『학봉 김성일, 충군애민의 삶을 살다』, 『가족과 친족의 민속학』 등이 있고, 논문으로는 「19~20세기 풍산김씨 일기를 통해 본 의례생활」, 「종가문화의 전승기반과 변화양상」 등 다수가 있다.

**경북의 종가문화 54**

숭정처사의
삶을 살다,

봉화 팔오헌 김성구 종가

**찍은 날** 2019년 6월 10일
**펴낸 날** 2019년 6월 13일

**기획** 경상북도·경북대학교 영남문화연구원
**지은이** 김미영
**펴낸이** 김상동
**펴낸 곳** 경북대학교출판부
**출판등록** 1973년 10월 10일 ㉘97호
**주소** 대구광역시 북구 대학로 80
**전화** 053-950-6741~3
**팩스** 053-953-4692
**이메일** press@knu.ac.kr
**홈페이지** http://knupress.com

**ISBN** 978-89-7180-524-4 94900
978-89-7180-521-3 (세트)

정가는 뒤표지에 있습니다. 파본은 바꾸어 드립니다.